Life goes on
- 내 삶의 문장들 -

- 목차 -

프롤로그 ··· 07

1. 매 맞는 꼬마 ·· 11
 - 영화,「리틀 포레스트」中

2. 중학교 화학 실험 시간 ···························· 19
 - 영화,「매디슨 카운티의 다리」中

3. 비디오 가게의 최고 단골 ························· 23
 - 영화,「동사서독」中

4. 본전 생각만 버린다면…. ························· 29
 - 헤르만 헤세,「데미안」中

5. 유럽에서의 한 달 ································· 37
 - 빈센트 반 고흐,「테오에게 보내는 편지」中

6. 물리학은 위대하다. ······························· 45
 - 아이작 뉴턴,「프린키피아」中

7. 함박눈 내리던 그 밤 ····························· 49
 - 정승환,「러브레터(아이유 작사)」中

8. 내 인생 최고의 선물, 아내 ····················· 53
 - 백지숙,「아가야」中

9. 마음을 다해 들어야 한다. ······················ 59
 - 영화,「가디언즈 오브 갤럭시」中

10. 절박함을 되찾자! ································ 65
 - KAPS TEX VINA 대표이사, 백인섭

11. 내가 지키는 존엄성 ·················· 71
 - 알렉산드로 솔제니친, 「이반 데니소비치의 하루」 中

12. 가르마, 밀당의 고수 ·················· 75
 - 박경리, 「토지」 中

13. 조화로운 삶 ·················· 79
 - 루시드폴, 「고등어」 中

14. 거주 이전의 자유? ·················· 83
 - 넥스트, 「아버지와 나 Part 1(신해철 작사)」 中

15. 내가 틀렸을 수도 있겠다. ·················· 87
 - 박경리, 「토지」 中

16. 네 잘못이 아니야! ·················· 91
 - 영화, 「굿 윌 헌팅」 中

17. 내 인생 최고의 날 ·················· 95
 - 이노우에 다케히코, 「슬램덩크」 中

18. 노력, 최고의 재능 ·················· 101
 - 앨런 아이버슨

19. 남과 여 ·················· 109
 - 이소라, 「바람이 분다」 中

20. 만화의 필요성 ·················· 115
 - 조석, 「마음의 소리」 中

21. 철들지 않아도 될 권리 ·················· 119
 - 바스콘셀로스, 「나의 라임오렌지나무」 中

22. 위대한 사랑 이야기 ·················· 123
 - 에밀 아자르(로맹 가리), 「자기 앞의 생」 中

23. 땅과 같은 사람이 되고 싶다. ·················· 129
 - 서윤덕, 「땅」

24. 크고, 넓고, 낮은... 바다 ·················· 131
 - 맹자, 「진심편」 中

25. 간장계장 ·················· 133
 - 안도현, 「스며드는 것」

26. 정의로운 벗 ·················· 135
 - 박상규・박준영, 「지연된 정의」 中

27. 내가 꿈꾸는 노동조합 ·················· 143
 - 김민섭, 「대리사회」 中

28. 자유롭게 날 수 있도록 ·················· 149
 - 영화, 「시네마천국」 中

29. 고양이의 시간은 빠르게 흐른다. ·················· 155
 - 베르나르 베르베르, 「고양이」 中

30. 아줌마! 아저씨! ·················· 161
 - 김훈, 「칼의 노래」 中

31. 옆을 볼 자유 ·················· 167
 - 오연호, 「우리도 사랑할 수 있을까」 中

32. 노인과 소년 ·················· 173
 - 어니스트 헤밍웨이, 「노인과 바다」 中

에필로그 ·················· 176

감사의 마음 ·················· 178

추천사 ·················· 182

사랑하고 존경하는 나의 우주,
아내에게 이 책을 바칩니다.

창

의

력

프롤로그

창의력. 그것은 내 인생을 관통하던 콤플렉스였다.

어린 시절, 만화나 그림을 보고 따라 그리는 것을 곧잘 했다. 잘 그린다는 칭찬도 많이 들었고, 교내 대회에서 상도 자주 받았다. 그땐 내가 정말로 그림을 잘 그리는 줄로만 알았다. 하지만 처음으로 상상화를 배우던 미술 시간, 그게 아니란 걸 알았다. 그림을 지지리도 못 그리던 친구들도 이것저것 마음대로 그리고 있었는데, 정작 나는 시작조차 못 하고 있었다. 무엇을 그려야 할지 도무지 아무것도 떠오르지 않았다. 시간은 점점 흘러 마음이 조마조마했다. 결국 다른 친구의 그림 중 마음에 드는 것을 보고 대충 따라서 그렸고, 그때도 역시 잘 그렸다고 칭찬을 받았던 것 같다. 너무 오래되어서 어렴풋하지만, 무척이나 무기력했던 시간으로 기억한다.

성인이 되어 직장을 가지고, 회사에서 캘리그라피 수업을 들을 기회가 생겼다. 평소 글씨 쓰는 것을 좋아했고, 이쁜 글씨체를 배우고 싶은 마음에 단 1초의 고민도 없이 신청했다.

선생님께서 써 주시는 글씨를 보고 직원들이 따라 썼는데, 첫 수업 시간부터 나의 글씨는 이목을 집중시켰다. 선생님께서도 지금까지 가르쳤던 사람 중 최고 수준이라고 칭찬해 주셨을 정도였다. 하지만 실제 액자에 넣을 작품을 만드는 마지막 시간이 되자, 초등학교 미술 시간에 상상화를 그리던 바로 그때가 생각났다. 보고 따라 쓰는 것은 누구보다 잘했지만, 막상 아무런 견본 없이 적으려니 앞이 막막했다. 결국 선생님께서 문장의 틀을 잡아주셔서 그럭저럭 잘 마무리했다.

한때 창의력이 교육에서 최고의 화두가 되었던 적이 있었다. 물론 지금도 마찬가지이긴 하다. 하지만 과연 그것이 학습으로 생길 수 있는 능력인지는 잘 모르겠다. 배워서 어떤 것을 한다면 이미 그것은 창의적인 것이 아니기 때문이다. 내가 제일 좋아하는 화가는 빈센트 반 고흐다. 그의 그림은 정말이지 창의성 그 자체이다. 그래서 더욱 그의 그림을 동경했던 것 같다. 하지만 고흐의 그림을 배워서 그린다면 이미 새롭지 않은 그림이 된다. 누구도 바라보지 않았던 시각으로, 아무도 시도하지 않았던 방식으로 표현하는 능력은 신이 개인에게 부여해 준 여러 가지 선물 중 하나라고 생각한다.

캘리그라피 수업에서 부족한 나의 창의력에 좌절했지만, 선생님께 매우 소중한 것을 배웠다. 나의 글씨를 보고 관찰력이 대단하다고 평가해 주셨다. 살면서 한 번도 그런 생각을 해보지 못했다. 그 말씀을 듣고 나니, 보고 그리거나 따라 쓰는 것을 잘하는 게 나의 관찰력 덕분이란 생각이 들었다. 내가 가지지 못한 '창의력'이라는 재능을 동경하다가, 정작 내게 주어진 '관찰력'이라는 또 다른 멋진 능력을 보지 못한 채 살고 있었다. 이 중요한 사실을 늦게라도 알게 해 주신 이영희 선생님께 진심으로 감사드린다.

지금껏 살면서 보고 들으며 감명받았던 인상적인 문장들을 기록해 보려 한다. 나도 모르게 감탄사가 뿜어져 나오게 하고, 가슴 한구석을 먹먹하게도 만들고, 감동의 눈물을 쏟게도 하다가 웃음이 터지게도 해줬던 그런 멋지고 창의적인 문장들! 그 문장들을 내 손으로 직접 쓰고, 내가 관찰하고 느꼈던 나만의 이야기를 해보려고 한다. 콤플렉스를 극복한 한 사람의 멋진 인생 이야기가 될 것이다.

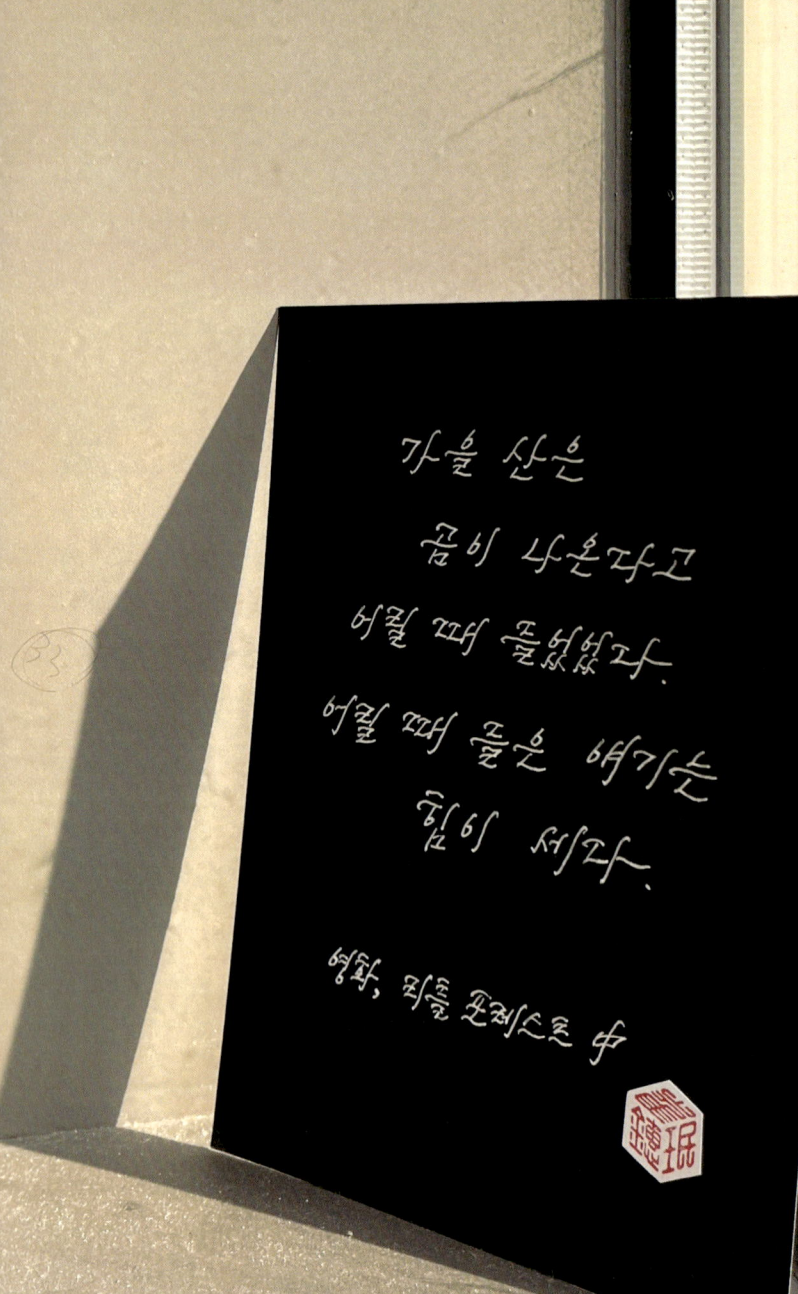

1.
매 맞는 꼬마

 나는 유치원에 다니지 못했다. 그 대신 초등학교 입학 전까지 집에서 어머니께 많은 것을 배웠다. 어머니가 가르쳐 주셨던 것 중에서 아직도 생생하게 기억나는 게 있다. 5살 혹은 6살 때였을 것이다. 빨간색 크레파스에 파란색을 덧칠했는데 보라색이 되는 것이었다. 엄청난 충격을 받았다. 말 그대로 깜짝 놀랐다. 어머니가 마치 세계 최고의 마술사처럼 보였다. 너무 신기해서 다른 색깔도 이색 저색 마구 섞어봤다. 색이 변하는 것을 보며, 나도 마법사가 된 것 같은 기분이 들었다. 이후 초등학교 수업 시간에 선생님이 빨간색과 파란색을 섞으면 어떤 색이 나오는지 아느냐는 질문을 했을 때, 다른 아이들이 먼저 대답하기 전에 목이 터져라 "보라색이요!"라고 외친 기억이 있다.

어린 시절, 날마다 우체부 아저씨가 집으로 손수 배달해 주는 딱 한 장짜리 '일일공부'라는 학습지가 있었다. 어머니는 내가 5살이 되었을 때 그 '일일공부'로 직접 가르쳐 주셨다. 앞뒷면 모두 그림과 글자들로 가득 채워져 있었는데, 뒷면 맨 아래쪽에는 숨은그림찾기가 있었다. 어머니가 그림을 보며 설명해 주고 글씨를 읽어주시는 동안 나의 관심은 온통 마지막에 나올 숨은그림찾기에 쏠려 있었다. 조용히 앉아서 어머니의 말씀을 잘 듣고 나면 즐거운 보상이 기다리고 있었다. 신기하게도 그러는 사이 나도 모르게 한글을 읽을 수 있게 되었다. 그렇게 나는 일찍이 어머니께 한글과 사칙연산, 구구단까지 모두 배웠다. 7살이 되어서 이제 곧 유치원에 갈 수 있다는 생각으로 한껏 부풀어 있었는데, 갑자기 초등학교에 들어가야 했다. 2월에 태어났기 때문이었다. 지금은 사라진 빠른 생일이었던 것이다.

내가 배 속에 있었을 때, 어머니는 입덧이 너무 심해서 음식을 거의 먹지 못하고 콜라만 겨우 마실 수 있을 정도였다고 하셨다. 그래서 난 1.5kg도 채 나가지 않는 몸무게로 태어났다. 요즘 같으면 아마 곧바로 인큐베이터에 들어갔을 것이다. 너무 작고 약해서 살아남기 힘들 거라 생각한 사람들도 여럿 있었다고 한다. 몸집이 너무 작다 보니 어머니는 7살이 되면 유치원에 한 해를 보낸 뒤, 8살이 되면 학교에 보내려고 마음을 먹고 있었다고 하셨다. 하지만 바로 입학하지 않으면 벌금을 내야 한다며 동사무소 직원이 엄포를 놓았고, 결국 나는 유치원을 건너뛰고 곧바로 초등학교에 들어갔다.

지금은 초등학교에 입학하기 전에 대부분이 한글을 익히고 들어간다. 하지만 그 당시에는 학교에서 글을 처음 배우는 경우도 많았다. 내가 다니던 학교에는 글을 모르는 친구들이 훨씬 더 많았던 것 같다. 받아쓰기를 하면 한 글자도 적지 못하는 친구들이 많았던 것으로 기억한다. 그 와중에 나는 이미 한글과 구구단까지 다 익히고 입학했기 때문에 시험을 치면 항상 1등을 했다. 하지만 선생님은 유난히 나를 많이 때리셨다.

나는 키가 제일 작아서 항상 맨 앞줄에만 앉았다. 하루는 선생님이 칠판에 산수 문제를 적으시고는, 나에게 나아서 풀어 보라고 했다. 까치발로 올라서도 답을 적는 곳에 손이 닿지 않아서 아래쪽에 답을 적으니 "지금 뭐 하는 거냐?"며 회초리로 엉덩이를 때리셨다. 내가 적은 답은 분명히 정답이었다. 내 키에 비해서 너무 높은 곳에 문제가 적혀있어서 점프해서 적을 수도 없고, 어떻게 하면 맞지 않을 수 있을까 생각하다가 다음번엔 의자에 올라가서 적어야겠다고 마음먹었다. 다음에 또 문제를 풀어보라고 하셔서 의자를 들고 나가려고 하니, 역시나 무슨 짓이냐며 이번엔 맨손으로 뺨을 때리셨다. 진짜 화가 많이 나신 것 같아서 너무 무서웠다. 사실 나는 선생님이 문제를 적자마자 이미 암산으로 풀어서 답을 다 알고 있었다. 선생님도 그 사실을 모를 리가 없었다. 그땐 시험을 치면 항상 100점이었기 때문이다.

그 선생님은 우리 반 아이들에게 "너희들이 이렇게 공부를 못하는 건, 부모님이 대학도 못 나오고 가난하기 때문이야."라고 얘기했다. 세월이 40년 가까이 흐른 지금까지 기억이 날 정도니, 정말 힘이 센 얘기다. 그땐 너무 어려서 저 말이 얼마나 슬프고 잔인한지 몰랐다. 그러면서 부모님이 대학교 졸업한 사람 있으면 손을 들어보라고 했는데, 딱 한 명의 손이 올라갔다. 선생님이 어느 학교를 나왔냐고 물어보자, 그 친구는 기어들어 가는 목소리로 알아듣기 힘들게 무어라 대답했다. 그러자 선생님은 그런 학교가 어딨느냐고, 거짓말하지 말라며 크게 꾸중했다. 난 그 친구가 거짓말로 손을 들었을 것 같다. 왜냐하면 나도 그러고 싶었기 때문이다. 부모님이 대학을 나왔다고 거짓말이라도 하면 더 이상 나를 때리지 않을 것 같았다. 그런데, 어느 대학교를 졸업했는지 물어볼

줄은 상상도 못 했다. 그때 내가 손을 들지 않은 건 천만다행이라고 생각했다.

산수가 재미있어서 교과서에 나오는 문제들을 혼자서 심심풀이로 풀었다. 어느 날 산수 시간에 선생님은 갑자기 연필을 들고 있는 나의 손등을 회초리로 내리치셨다. 영문도 몰랐고 너무 아파서 눈물이 핑 돌았다. 답이 적혀있는 나의 교과서를 보고, 시키지도 않은 짓을 했다며 정수리를 또 내리치셨다. 그 말을 듣고 난 선생님이 교과서를 넘겨 볼까 봐 너무 무서웠다. 산수책의 마지막 페이지까지 다 풀었기 때문이었다. 그날 집에 오자마자 연필로 적어뒀던 답을 지우대로 모조리 지웠다. 글씨가 깨끗이 지워지지 않아, 연필을 꾹꾹 눌러 쓴 나 자신이 너무 원망스러웠다. 그렇게 난 스스로 예습을 하고도 매를 맞는 꼬마였다.

부모님은 언제나 선생님 말씀은 무조건 잘 들으라 하셨고, 어른들에게 절대 말대꾸를 못 하게 하셨다. 그래서 학교에서 있던 그런 일들을 집에 와서 얘기할 수 없었다. 선생님께 꾸중을 듣고 맞았다고 얘기하면 괜히 부모님에게도 혼날 것 같았다. 나중에 커서 생각해 보니 그 선생님은 우리 부모님께 촌지를 받지 못한 화풀이를 나에게 한 것이라 추측이 되었다.

나보다 성적이 좋지 않았던 부잣집의 친구에게는 자식처럼 잘 대해 줬기 때문이다. 이후 그 선생님은 용감하게도 어느 부잣집 아들의 뺨을 때렸고, 결국 시골에 있는 다른 학교로 강제 전근을 명령받았다.

명백히 부당한 대우를 받았지만, 감사하게도 나는 그런 어른이 되지 않아야겠다는 확고한 가치관이 생겼다. 결국 모든 일이 완전히 나쁘지만은 않다. 사람이 살다 보면 뜻하지 않게 억울한 일도 당할 수 있지만, 그 일로 사람이 어떻게 바뀌는지가 더 중요한 것 같다. 억울함에 분을 참지 못하고 극단적인 선택을 할 수도 있고, 아니면 상대를 향해 똑같이 보복을 할 수도 있다. 모든 것은 본인의 선택이다. 하지만 그와 반대의 길을 가는 것이 가장 현명한 선택이 아닐까 생각한다.

영화, "매디슨 카운티의 다리" 中

기쁘다. 내 꿈이 이루었으니…
그것은 못 이루었어도 끝이 있었다는 것
꿈이 있었다는 것

2.
중학교 화학 실험 시간

 고등학교 시절 감명 깊게 봤던 영화 「매디슨 카운티의 다리」에 나오는 대사다. 남자 주인공 클린트 이스트우드가 누군가에게 잘 보이기 위해 기억해 둔 문장이라며, 메릴 스트립에게 해 준 말이다. 서로를 알기 이전에 이미 꾸려진 가정을 지켜야 하는 현실로 결국 이루어지지 못했던 두 사람의 이야기에 가슴이 아파 영화가 끝나고도 한참을 울었던 기억이 난다.

 중학교 화학 시간에 소금물에서 소금 결정을 분리하는 실험을 했다. 소금을 물에 녹인 뒤, 증발접시에 부어서 알코올램프로 가열한다. 얼마 후 물이 끓으면서 수증기가 되어 증발해 날아가고, 다시 소금 결정만 남는다. 놀라울 것 하나 없는 아주 간단한 실험이었다. 하지만 그 실험 이후 나의 꿈은 막연한 과학자에서 구체적인 화학자로 바뀌었다. 실험하기 전 선생님의 설명을 들을 때는 당연히 그렇게 되겠거니 생각했는데, 소금이 생기는 모습을 실제로 보니 가슴 깊은 곳에서 뭔가 차오르는 기분이 들었다. 그날부터 고등학교 때까지 가장 좋아했던 과목은 당연히 화학이었고, 대학교 전공도 화학을 선택했다.

대학교 원서를 쓸 때 가고 싶은 대학교를 먼저 선택하고, 본인의 수능 성적에 맞춰 전공을 선택하는 친구들이 많았다. 하지만 나는 정반대였다. 무조건 화학과를 먼저 선택하고 대학교를 골랐다. 담임 선생님께서 그래도 공대에 가야 취업이 유리하다고 조언을 해 주셔서 공업화학과로 전공을 선택했다. 부끄러운 얘기지만 한때 한국 최초로 노벨 화학상을 받겠다는 말도 안 되는 꿈을 꾸기도 했다. 그땐 당연히 대학원도 가고 박사까지 하고 싶었다. 하지만 넉넉하지 않았던 형편에다가 운이 좋았던 건지 나빴던 건지, 4학년 2학기에 좋은 회사에 덜컥 취업이 되었고, 결국 대학원 진학을 포기했다. 그때 입사한 첫 번째 직장에서도 화학 관련 일을 했고, 이후 이직한 지금의 회사에도 화학 직렬로 시험을 쳐서 들어왔다. 지금도 어느 정도 화학에 발을 걸친 분야에서 근무하고 있다.

여러 가지 사정상 대학원 진학을 포기했을 때 남들에겐 취직이 되어 잘됐다고 말하고 다녔지만, 사실 속으로는 적잖이 슬펐다. 내 꿈이 여기서 이렇게 끝나버린 것인가 하는 생각이 머릿속에서 계속 맴돌았다. 누군가에게 나의 그런 마음을 토로했다면 배부른 소리로 취급당했을 게 분명하다. 지금도 마찬가지지만 그 당시도 취업이 무척이나 어려웠던 시절이었고, 취업을 못 한 친구들이 훨씬 더 많았기 때문이다. 그래서 내 마음속의 슬픔을 아무에게도 얘기할 수 없었다.

 마음이 힘들었던 그때 영화 속 저 대사가 떠오르며 나를 많이 위로해 줬다. 학창 시절 꿨던 그 꿈은 아니지만, 회사에서도 화학과의 연은 끊이지 않고 어느 정도는 비슷한 길을 걸어왔다. 무언가 좋아하는 것이 있고, 그와 관련된 꿈을 키운다는 건 엄청난 행운이다. 비록 이루지 못했더라도 오롯이 나의 것이기 때문이다. 그래서 난 행복하다.

움직이는 건

깃발도 바람도 아닌

바로 사람의 마음이다.

영화, "동사서독" 中

3.
비디오 가게의 최고 단골

홍콩의 세계적인 감독 왕가위는 불경에 적힌 저 문장을 보고 「동사서독」이란 영화를 찍기로 마음먹었다고 한다.

지금은 극장에 가지 않아도 컴퓨터나 스마트폰으로도 언제든지 손쉽게 영화를 볼 수 있다. 그 이전에는 DVD가 있었고, 조금 더 거슬러 올라가면 역사 속으로 사라진 비디오테이프가 있었다. 학창 시절 대부분의 영화를 바로 그 비디오테이프로 봤다. 중학생 때부터 부모님이 치킨집을 하셨는데, 가게에는 내가 생활할 방이 따로 없어서 외가에서 살았다. 그러던 중 우리 가게에서 일을 도와주던 막내 이모가 단골로 오던 손님과 결혼했고, 나에게 무척 잘해 주셨던 그 단골 아저씨는 나의 이모부가 되었다. 그렇게 막내 이모는 우리 가게 근처에 신혼집을 차렸고, 나도 함께 외가에서 나와 그 집의 다락방에서 생활했다. 신혼집에 불쑥 들어가 함께 살다니, 나도 참 눈치가 없어도 너무 없었다.

 그건 그렇고, 당시 EBS 수능방송을 녹화해서 보기 위해 내가 살던 다락방에 비디오를 들여놓았다. 하지만 평소에도 영화를 좋아했던 나는 그날 이후 집 근처 비디오 가게의 최고 단골이 되었다. 정작 수능방송은 거의 보지 않았다. 살면서 지금까지 봤던 영화의 반 이상은 그때 다 봤던 것 같다. 당시 홍콩영화를 무척 좋아했는데, 특히 왕가위 감독의 영화에 푹 빠져 살았다. 그의 모든 영화를 다 찾아서 몇 번씩 봤다. 그의 페르소나인 장국영과 양조위가 출연한 영화도 줄기차게 봤다. 두 배우가 주연했던 「해피 투게더」가 만들어졌을 때, 동성애라는 주제로 한국에서는 바로 개봉하지 못해서 한참을 목이 빠지게 기다렸던 기억이 난다.

 용돈을 모아 매달 나오던 영화잡지 「스크린」과 「로드쇼」를 꼬박꼬박 사서 읽었다. 개봉되기 전 영화에 대한 정보도 미리 접했고, 무엇보다 영화에 대한 지식을 많이 쌓을 수 있었다. 영화잡지이다 보니 배우들의 멋진 사진도 많아서 항상 배우들의 사진으로 교과서의 책 꺼풀을 씌워 다녔다.

 감정이입을 하는 배우들도 다르게 정해가며 같은 영화를 몇 번씩 다시 보기도 했다. 영화를 보고 나면 항상 감상문을 적었다. 볼 때마다 다르게 느껴졌던 부분, 좋았던 점과 아쉬웠던 장면 등을 빼곡하게 손으로 기록했다. 아쉽게도 그 노트는 군대를 다녀오고 집도 이사하는 동안 어디로 갔는지 사라져 버렸다. 지금 다시 펼쳐본다면 너무나도 유치하고 부끄러울 것 같지만, 그때 느꼈던 나의 감정이 궁금하긴 하다.

그렇게 영화를 너무 좋아했던 나머지, 영화가 끝나고 마지막 엔딩 크레딧에 나의 이름이 올라가기만 해도 원이 없겠다는 생각이 들었다. 영화를 보는 것만큼이나 영화 그 자체의 매력에 빠졌던 것이었다. 그러다가 마침내 영화감독이 되겠다는 꿈을 꾸게 되었다. 무조건 화학과에 진학하려고 이과를 선택했는데, 담임 선생님에게 찾아가 문과로 변경하고 싶다고 진지하게 상담까지 했다. 다행히 선생님께서 잘 설득해 주셔서 진로를 옮기지는 않았다. 창의력이 부족한 나는 분명 좋은 영화를 만들 수 없었을 것이다. 결국 대학교 전공도 원래의 생각대로 화학을 선택했다.

입시 스트레스로 힘들어야 했던 고3의 기간이 영화 덕분에 행복했다. 그 행복에 반비례해서 성적은 많이 떨어졌지만, 나의 감성은 훨씬 풍부해졌다. 세상과 사람을 바라보는 내 인식의 지평이 넓어졌고 더 따뜻해졌다. 그것은 돈을 주고도 살

수 없는 귀중한 변화이다. 그래서 영화에 진심으로 감사하다. 짧았지만 새로운 꿈을 꾸며 외도도 해봤고, 다시 현실을 직시하고 제자리로 돌아왔다. 바뀐 건 오직 나의 마음뿐이었다.

새는 알에서 나오려고
투쟁한다.
알은 세계다.
태어나려는 자는
　　하나의 세계를
깨뜨려야 한다.

-헤르만 헤세, 데미안 中

4.
본전 생각만 버린다면…

설명할 필요도 없이 너무나 유명하고 멋진 문장이다. 「데미안」을 읽지 않은 사람이라도 어디선가 한 번쯤은 들어봤을 것이다. 일이 잘 풀리지 않을 때 금방 볼 수 있도록 사무실 책상에 적어놓았다. 어떤 일을 시작하려고 하는 사람들에게 큰 힘이 될 수 있을 것 같아서, 우리 부서에 있다가 다른 부서로 전출을 가는 직원들이나 청년인턴으로 근무하다가 떠나는 직원들에게 손글씨로 써서 선물로 주기도 했다.

내가 입대할 당시만 해도 군대 안에서 구타가 많았다. 힘들었던 훈련소 생활을 마치고 자대에 배치받아 잠을 자려고 침상에 누웠는데, 얼마 지나지 않아 누군가가 맞는 소리가 났다. 때리는 사람의 소곤대는 욕도 함께 들렸다. 무슨 잘못을 했길래 저렇게 때리는 건지, 저렇게 맞으면서도 왜 아무런 저

항도 하지 않는 건지, 누워있는 다른 사람들도 이 소리를 다 듣고 있을 텐데 왜 아무런 반응도 없는 건지……. 머릿속이 복잡했다. 그리고 만약 내가 저렇게 맞을 상황이 생기면 어떻게 대처하는 게 좋을까 생각도 했다. 저항해야 할지, 그러면 더 맞는 건 아닌지, 머릿속에서 별의별 생각이 다 들었다. 잠을 못 잘 것 같았지만 고단한 이등병이라 어느 순간 나도 모르게 잠이 들었다.

며칠 후, 나보다 한 달 먼저 입대한 이등병 두 명이 사이좋게 부대의 담장을 넘어갔다. 대대는 말 그대로 발칵 뒤집혔다. 탈영 사실을 알게 된 그날 새벽, 모든 부대원이 수색에 나섰다. 다행히 얼마 지나지 않아 근처 야산에서 둘 다 잡혔다. 매일 강도 높은 수사가 계속됐다. 분대장과 고참들이 줄줄이 심문당했고, 모두가 온종일 가시방석에 앉아 있는 분위기였다. 대대의 막내였던 나는 훈련도 하지 않고 그저 앉아 있기만 해도 되니 약간은 좋았다. 하지만 그렇게 앉아 있으면 자연스레 잠이 쏟아졌고, 이등병이라 마음 놓고 졸 수도 없었다. 천근같이 무거운 두 개의 눈꺼풀과 싸우는 게 가장 힘들었다.

얼마 후 구타의 가해자 몇 명이 추려졌고, 결국 직접적인 가해자 두 명이 특정되었다. 탈영했던 두 명도 가해자 둘을 지목했고, 지목된 두 사람도 구타 사실을 모두 시인했다. 하지만 그중 한 명은 징계도 없이 다른 부대로 전출을 갔고, 다른 한 명은 징계받고 영창을 갔다. 소문으로는 영창 대신 전출을 갔던 가해자는 투스타 백이 있었다고 한다. 물론 사실 여부는 확인되지 않았다. 그렇게 자대에 배치받자마자 구타와 탈영 사건이 폭풍처럼 지나갔고, 그날 이후 고참들은 후임병을 때리려는 시도조차 하지 않았다. 그래서 난 정말 운이 좋게도 제대할 때까지 단 한 대도 맞지 않았다.

 당시 내무반에서는 16명 정도가 함께 생활했다. 9시에 점호를 마치면 이등병들이 병장들의 이부자리를 깔아줬다. 다들 얄팍한 매트리스에 그냥 누워서 자야 했는데, 병장들에게는 두꺼운 매트리스에 보들보들한 포단까지 깔아 침낭을 가지런히 올려서 대령해야 했다. 아침이면 다시 이등병들이 병장들의 이부자리를 정리했다. 병장의 심기가 불편한 날이면 포단이 삐딱하게 깔렸다는 둥, 위치가 맘에 안 든다는 둥 온갖 트집을 잡으며 욕을 퍼부었다. 그래도 더 이상 누굴 때리지는 못했다. 욕은 배를 뚫고 들어오지 못하니 그냥 듣고 흘리면 그만이었다.
 내무반마다 다 같이 사용하는 빨래 건조대가 하나씩 있었는데, 빨래를 널 수 있는 칸이 고작 20개 정도였다. 최고 고참인

병장 두 명이 가장 좋은 자리로 각각 3칸씩 사용했다. 결국 나머지 사람들이 1칸씩 사용했는데, 이등병들은 자기가 받은 1칸에다가 내무반의 걸레까지 빨아서 널어야 했다. 빨래는 당연히 제대로 마를 수가 없었고, 항상 꿉꿉한 냄새가 진동했다. 병장들은 땀을 흘릴 일도 거의 하지 않아서 그들이 사용하는 3칸 중 2칸은 거의 비어있는 상태였다. 이등병 시절에 비어있던 건조대의 칸에 걸레를 널고 싶은 욕구가 샘솟았지만, 고작 걸레 하나 때문에 개념 없는 놈으로 찍히긴 싫었다.

후임들의 불만은 계속해서 쌓여만 갔지만 대놓고 표출할 수는 없었다. 그저 동기들끼리 모여 각자 고참을 욕하거나, 본인보다 더 늦게 들어온 후임들을 교묘하게 괴롭히며 화풀이 하는 것이 할 수 있는 전부였다. 구타만 없어졌을 뿐이었지 전통으로 이어져 오던 괴롭힘은 계속되었다. 오죽하면 이등병들끼리 모여서, 전쟁이 나면 북한군이 아닌 고참을 먼저 쏘고 도망가겠다는 진심 어린 농담까지 했을 정도였다.

누군가는 그런 불합리한 관습들을 깨뜨려야 했는데, 본인이 병장이 되면 그 특혜들을 고스란히 누렸기 때문에 자랑스러운 전통으로 공고하게 이어져 내려왔다. 아마도 본전 생각이 났을 것이다. 20대 초반 고만고만한 나이의 젊은 청년들이,

고작 한두 살 터울의 친구뻘인 후임들을 벌레처럼 짓밟으며 황제 같은 삶을 누리고 있었다. 휴가 나온 선배들이 군대 가기 전과 다르게 강압적이고 괴팍해진 모습으로 변한 이유가 완벽히 이해됐다. 저런 생활들이 몸에 배어 있었기 때문이었다. 나는 절대로 그런 사람이 되기 싫었다.

내무반에서 분대장이 되자마자 불합리하게 느껴졌던 것들을 하나씩 지워나가기 시작했다. 각자의 이부자리는 무조건 스스로 깔도록 했고, 후임들도 매트리스에 포단을 덮을 수 있도록 했다. 빨래 건조대는 공평하게 1칸씩 사용했고, 남는 곳에는 걸레를 널거나 그때그때 빨래가 많은 사람이 자유롭게 사용할 수 있도록 했다. 빨리 먹어야 한다는 강박 관념에 눈치를 보며 씹지도 못하고 밥을 넘기던 후임들도 천천히 먹을 수 있게 했고, 내무반에서 공부하거나 책을 읽을 수 있게 했다. 매주 전투 축구를 하던 주말에 쉬고 싶은 사람은 억지로 연병장에 나오지 않아도 좋다고 했다. 그리고, 나는 우리 대대에서 밀대를 들고 함께 내무반 청소를 했던 유일한 병장이었다.

물론 내가 제대하고 난 뒤 이전의 관습들이 되살아났을지도 모른다. 내가 바꾸려 했던 우리 내무반의 모습은 알 속에서 고작 몸부림치는 정도의 아주 작은 움직임이었을 것이다. 하지만 누군가는 껍질을 깨뜨리기 위한 투쟁을 계속 이어가야 비로소 날개를 달고 태어날 수 있다.

한때 군대의 사망사고가 끊이지 않았다. 괴롭힘을 견디지 못해 가해자나 다른 사람에게 총을 쏘기도 했고, 그 총구가 본인을 향하기도 했다. 언론에 등장하는 빈도가 예전보다 낮아진 걸로 보아, 사고가 줄어든 것 같긴 하다. 하지만 끝나지 않고 여전히 계속되고 있다. 두 아들이 군대에 가게 되면 무사히 전역만 할 수 있어도 감사하다고 생각했다. 다행스럽게도 큰아들은 코로나가 극심했던 시절에 입대해서 많은 날을 자가격리로 보내며 무사히 제대했고, 작은아들은 전역이 두 달도 채 남지 않았다. 얼마 전 부대 개방 행사가 있어서 아들이 근무하는 대대에 다녀왔다. 시설도 깨끗했고 군인들의 표정도 밝았다. 간부들 또한 무척 친절했다. 아들의 말로는 간부들이 평소에도 재미있고 잘 대해 준다고 했다. 정말 마음이 놓였고 감사했다.

우리 민족은 스스로의 선택과는 상관없이 남북으로 갈라져, 서로 으르렁거리며 막대한 예산을 국방비로 지출하고 있다.

엄연한 주권 국가임에도 불구하고 각자가 미국과 중국의 그늘에서 자유롭지 못하다. 무엇보다 안타까운 건 가장 혈기 넘치고 꿈을 펼치며 성장해야 할 나이에 소환장 같은 입영통지서를 덜컥 받아야 한다는 것이다. 예전처럼 쉽진 않겠지만, 아버지에게 권력이나 재력이 있다면 굳이 끌려가지 않을 수도 있다. 그런 부당한 현실에 대한 상대적 박탈감도 말할 수 없이 소모적이고, 군 가산점 문제로부터 시작된 남녀 간의 갈등은 서로를 향한 혐오로까지 이어졌다.

군대 내부의 불합리함도 문제이지만, 한반도의 대치 상황이 가장 근본적인 문제라 생각한다. 전쟁의 가장 큰 피해자는 민간인이다. 러시아와 우크라이나의 전쟁을 보라. 수많은 민간인이 계속해서 희생되고 있다. 전쟁은 어떻게 해서든 일어나지 않도록 하는 것이 가장 좋은 방법이다. 부디 지금의 휴전이 종전으로 이어져 한반도에 진정한 평화가 오면 좋겠다. 그런 세상이 와서 대한민국의 젊음이 제대로 꽃피울 수 있길 간절히 바란다.

그림을 그려야겠다.
계속해서
그러니
더 잘 이해할 수 있겠지.
수채화를
계속해서 노력하면

빈센트 반 고흐, 테오에게 보내는 편지中

5.
유럽에서의 한 달

위대한 화가 빈센트 반 고흐는 원래부터 그림을 잘 그리는, 타고난 천재로만 생각했었다. 하지만 그가 동생에게 보낸 편지를 읽고 나서야 피나는 연습의 과정이 있었음을 알았다. 그런 노력이 뒷받침되었기에 수많은 걸작을 만들어 낼 수 있었을 것이다.

2003년 3월 대학교 4학년 시절의 어느 날 밤, 학생 신분이 끝나기 진 가장 하고 싶은 일이 무엇인지 생각해 봤다. 형편이 허락하지 않아 마음속 깊은 곳에서 조용히 숨어 지내던 배낭여행이 고개를 내밀었다. 다음날 바로 휴학원을 제출했고, 그길로 바로 쇠를 깎는 공장으로 출근했다. 그렇게 6개월 동안 땀과 기름 범벅이 되면서 여행경비를 마련했다. 영국으로 들어가는, 그리고 프랑스에서 돌아오는 항공권만 끊은 채 바퀴 달린 캐리어가 아닌 진짜 배낭과 여행용 기타 한 대를 메고 혼자서 유럽으로 떠났다.

  불꽃 같은 삶을 살다 간 맑고 슬픈 영혼의 화가 빈센트 반 고흐. 평소 너무나 좋아하는 화가였기에 꼭 가보고 싶었던 곳이 네덜란드의 반 고흐 미술관이었다. 설레는 마음으로 작품들을 감상하다가 잠시 '여기가 어디지?'하는 느낌으로 정신을 차렸는데, 바로 「펠트 모자를 쓴 자화상」이라는 작품 앞이었다. 마치 시간여행을 한 듯한 느낌으로 20여 분 정도를 그림 앞에서 빠져들듯 서 있었던 것이었다. 벅차오르는 감정과 여러 가지 느낌이 뒤섞여 말로 표현할 수 없는 감동이 밀려왔다. 여행하면서 사진을 많이 찍었지만 정작 그 작품의 사진은 눈으로만 담아왔다. 사진을 찍을 수 없는 장소였을 수도 있었겠지만, 찍을 생각조차 하지 못했다.

  여행 마지막에는 그가 죽기 전에 머물렀던 프랑스의 작은 시골 마을 오베르 쉬르 우아즈에서 실제 그림의 배경이 되었던 곳을 찾아다녔다. 그림이 담긴 실제 배경을 보니, '고흐의 눈에는 저 장면이 실제로 그림과 같은 모습으로 보였을까?'라는 생각이 들었다. 고흐가 살아 있을 때, 사람들은 그를 이해하지 못했다. 하지만 사람들과 전혀 다른 시선으로 세상을 바라보던 고흐도 똑같이 다른 사람들을 이해할 수 없었을 것 같다. 그저 남들과 다를 뿐이었는데, 너무 불행한 삶을 살다 가서 가슴이 시리다.

  공장에서 번 돈의 일부를 다음 학기 등록금으로 빼두고 나니 여행경비가 그리 넉넉하지 못했다. 부족한 돈으로 한 달을 살아야 했기에 숙박은 주로 저렴한 호스텔의 도미토리나 야간열차를 이용했다. 야간열차를 타면 비록 몸은 피곤했지만, 잠자리도 해결할 수 있었고 간단하게나마 머리도 감을 수 있었다. 가난했지만 혈기 왕성했던 20대라서 가능했을 것이다. 식당 안의 테이블에서 하는 식사는 비싸서 거의 하지 못했고, 주로 공원의 벤치나 길가의 적당한 곳을 찾아 테이크 아웃 음식들을 먹었다. 유스호스텔의 공용 식당에서는 파스타 면에 라면 스프를 풀어서 끓여 먹기도 했다. 한국에서 챙겨간 고추장과 라면 스프가 한 달간 엄청난 활약을 했다.

  네덜란드에서는 마약에 취한 흑인들에게 잡혀 목숨의 위협을 느껴보기도 했다. 밤중에 숙소를 찾아 돌아다니다 보니 으슥한 골목길을 지나가게 되었는데, 진을 치고 있던 무리가 돈을 달라고 협박했다. 표정을 보니 약에 취해있는 듯했다. 너무 무서웠는데 갑자기 생각이 떠올라 주머니에 있던 동전들을 바닥에 뿌렸다. 무리의 시선과 몸이 바닥으로 향한 순간에 밝은 곳으로 미친 듯이 달렸다. 그 뒤 어렵게 숙소를 잡아서 잠을 자고, 아침에 일어나보니 도시의 모습은 밤과는 달리 너무나 아름다웠다. 재미있게도, 날 위협했던 그 흑인은 맥도날드 매장 앞에 앉아 약에 취해있는 모습으로 콧물까지 흘리고 있었다.

그때는 스마트폰과 인터넷이 보급되지 않았던 시절이라 새로운 도시에 도착하면 가장 먼저 해야 하는 일이 영어 소문자 "i"가 큼지막하게 적힌 인포메이션 센터를 찾아 지도를 구하는 것이었다. 타고난 방향치인 내가 어떻게 지도를 보고 돌아다녔는지 지금 생각해도 미스터리다. 숙소도 현지에 도착해서 갈만한 곳을 상인들에게 물어보거나 공중전화로 예약했는데, 되지도 않는 영어로 어떻게 했는지 이것도 역시 미스터리다. 지금은 스마트폰으로 지도를 보거나 내비게이션도 실행할 수 있고, 숙소도 인터넷으로 손쉽게 예약할 수 있다. 하지만 그때는 불편하긴 했어도 지금은 느낄 수 없는 그야말로 아날로그 갬성의 낭만이 넘치는 시절이었다.

배낭과 카메라, 그리고 여행용 기타를 메고 혼자서 두 발로 유럽을 걸어 다니며 현지인들에게 아름다운 한국의 민요「아리랑」을 연주해 주었던 꿈같은 한 달이었다. 물론 지금 그렇게 다시 하라고 하면 못 할 것 같다. 2003년 3월, 즉시 휴학하고 공장으로 들어간 것은 정말 잘한 선택이었다. 젊을 때의 경험은 많은 것을 가르쳐준다. 졸업과 취직이 늦어지더라도 충분히 투자할 만한 가치가 있는 시간이다. 그래서 두 아들에게도 하고 싶은 일이 있다면 절대 망설이지 말라고 얘기해준다.

방향과 같다.

힘이 가해진
변하는 방향은

힘에 비례하며
물체에 가해진

변하는 정도는
운동 상태가

$$(F = m \cdot a)$$

-아이작 뉴턴, 프린키피아 中

6.
물리학은 위대하다.

 아인슈타인의 'E=mc²'와 쌍벽을 이루는 유명한 공식이다. 무슨 뜻인지는 몰라도 누구나 한 번쯤은 들어봤을 것 같다. 이과 출신이라면 누구나 알고 있을 뉴턴의 운동 제2법칙으로, '가속도의 법칙'이라고도 한다. 'F=ma'라는 표현은 훗날 위대한 수학자 레온하르트 오일러가 사용한 운동방정식이다. 참고로 'F'는 힘, 'm'은 질량, 'a'는 가속도다.

 복학생 시절 역사상 가장 천재적인 과학자로 손꼽히는 뉴턴이 얼마나 위대한 인물인지를 알게 되었다. 이후 내가 활동하는 모든 온라인 커뮤니티의 닉네임은 모두 'Newton' 혹은 '뉴턴'이었다. 예전에 활동했던 동호회 사람들은 아직도 나를 뉴턴으로 부른다.

 뉴턴이란 인물에 대해 알고 나서부터 물리학이 얼마나 재미있고 매력적인지를 느꼈다. 지금 누리고 있는 모든 편리한 것들이 고전역학이 있었기에 가능한 것임을 알았다. 그래서 물리학이란 학문에 대한 감사한 마음마저 생겼다. 생각해 보니 전공과목 중에서도 물리화학을 제일 좋아했다. 특히 복잡한 방정식들을 유도하는 과정들이 너무 재미있었다. 당시 교수님도 공식을 무작정 외우게 하지 않으셨고 도출 방법을 알려주셨다. 간단한 원리로 시작해서 복잡하고 긴 방정식이 완성되는 과정은 마치 마법을 보는 것 같았다.

전공은 아니었지만, 물리학을 교양과목으로 신청해서 들었다. 그 당시는 지금처럼 온라인에서 많은 정보를 쉽게 얻을 수 있는 시절이 아니어서, 학교 도서관에서 책을 검색해서 읽어가며 혼자서 이런저런 정보들을 많이 찾아보기도 했다. 양자역학의 내용들을 처음 접했을 때 상당히 흥미로웠다. 특히 베르너 하이젠베르크의 불확정성 원리(Uncertainty Principle)를 처음 알았을 때는 짜릿함이 느껴졌다. 불확정성 원리란 입자의 위치와 운동량을 동시에 측정할 수 없다는 것이다. 운동에 대한 정확한 예측과 계산이 가능한 뉴턴의 고전 물리학과는 완전히 다른 개념으로, 미시적인 입자의 세계를 다루는 물리학이다.

물리학이 좋았고 양자역학의 개념들도 재미있었지만, 실제로 외계어 같은 방정식들을 접해보니 내가 감히 접근할 수 있는 영역이 아님을 느꼈다. 좋아하는 것과 할 수 있는 것은 명확히 다르다는 것을 깨달았다. 하지만 TV나 인터넷에서 물리학에 관한 내용들이 나오면 지금도 흥미롭게 보곤 한다.

  대한민국의 천재들이 서울대 물리학과에 진학하던 시절이 있었다. 하지만 지금은 그렇지 않다. 성적에 따라 의과대학부터 먼저 채워진다. 순수과학은 대개 돈을 버는 것과는 거리가 멀다. 그래서 내가 대학교 원서를 쓸 때도 선생님께서 공대를 추천해 주셨다. 천재적인 학생들이 기초과학의 여러 분야에서 진가를 발휘할 날이 오길 바란다. 그렇게 된다면 우리나라에서도 과학 분야의 노벨상을 받을 수 있을 것이다. 한때 꿈꿨던 노벨 화학상을 대한민국의 누군가가 받는다면 얼마나 기쁠지 상상만 해도 기분이 좋아진다.

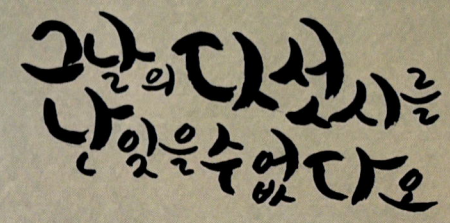

그날의 다섯시를
난 잊을수없다오

정승환, 러브레터 (아이유 작사) 中.

7.
함박눈 내리던 그 밤

어떤 기억들은 마치 조금 전의 일처럼 생생하다.

아이유가 쓴 곡의 가사에는 아름다운 구절이 많다. 직접 만들어 낸 단어들이 있을 정도로 창의력이 엄청나다. 게다가 노래 실력도 뛰어나고 철학과 생각까지도 존경스럽다.
「러브레터」는 노부부의 이야기를 담고 있다. 한 사람이 먼저 세상을 떠나면서 남겨진 배우자에게 보내는 연애편지의 내용이다. 배경이 되는 상황은 너무도 가슴 아픈 장면이지만 주로 연애를 시작하던 그때의 설레는 시간을 담고 있어서 그런지, 슬프기보다는 포근함이 더 많이 느껴진다. 수십 년 전 어느 하루의 다섯 시를 콕 집어서 말할 수 있을 정도의 추억이 있다면 그 사람은 행복할 것이다. 게다가 그 추억의 상대가 곁에 있는 소중한 배우자라면 더할 나위 없을 것이다.

난 아내보다 딱 하루만 더 오래 살 거라고 종종 얘기한다. 그러다가 순장의 풍습으로 나도 함께 따라 묻히겠다는 무시무시한 농담을 하며 마무리가 되곤 한다. 남겨진 사람의 자리가 더 슬프고 힘들 것 같아서 나보다 더 오래 살라는 얘기를 차마 하지 못하겠다.

 대구에서는 보기 힘든 함박눈이 오던 그날 아내와 함께 걸었던 밤길. 아무도 우리를 알아보지 못하는 서울의 술집 앞 눈 오던 그 길은 나에게 그런 기억이다. 기쁜 만큼 가슴 시린 아픔이 함께 치밀어 오르던 마음, 어두컴컴한 밤의 색깔, 눈발이 날리던 향기와 코를 자극하던 대기의 차가운 기운까지도 생생하다. 그래서 난, 더할 나위 없이 행복한 사람이다.

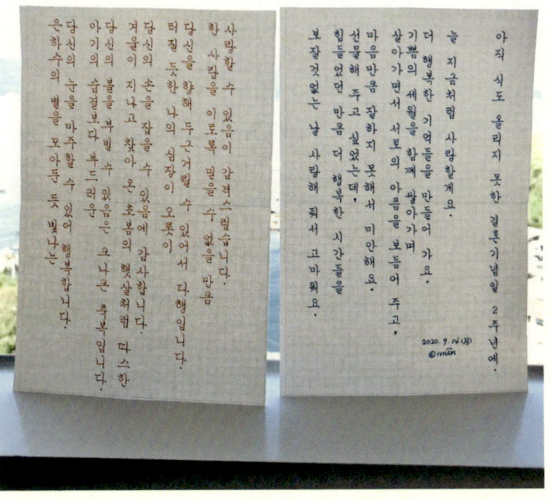

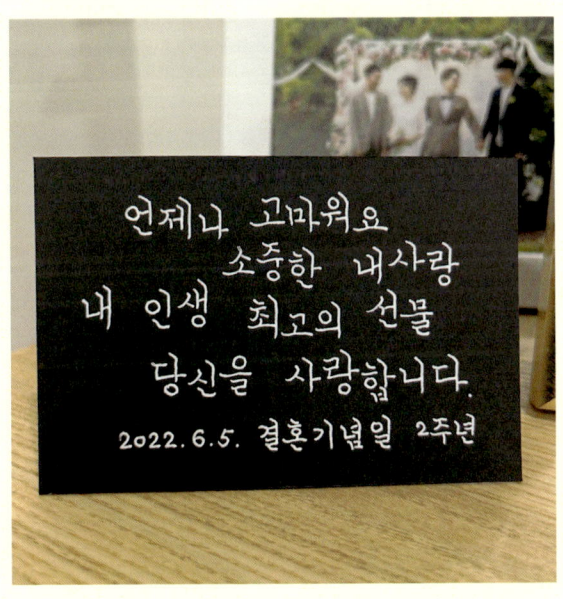

8.
내 인생 최고의 선물, 아내

 사랑하는 나의 아내가 만든 노래의 가사다. 두 아들이 어릴 때 적어둔 노랫말에 한참 뒤 멜로디를 붙여 곡을 완성했다.

 나는 아내를 존경한다. 아내는 정말 현명하고 지혜롭다. 두 아들을 진심으로 사랑하지만, 소유물이 아닌 하나의 인격체로 대해 준다. 그래서 항상 아이들의 결정을 존중해 준다.
 작은아들이 어린이집을 1년 다니더니 다음 해에는 여자애들이랑 손잡고 춤추는 게 시시해서 너 이상 다니기 싫다고 했다. 아내는 그 얘기를 듣고 "그럼 집에서 엄마랑 같이 놀자."라고 하며 어린이집을 끊었다. 그렇게 작은아들은 6살의 1년을 아내와 함께 보냈다. 다른 학원도 따로 보내지 않았다. 당시 아내는 집에서 일했기 때문에 작은아들은 온종일 엄마와 함께 시간을 보낼 수 있었다. 아침이면 신문을 펼쳐 TV 프로그램과 날씨를 확인하며 글씨를 배웠고, 혼자서 자전거를 타고 용감하게 동내 탐험도 하며 형이 학교에서 돌아올 때까지 기다렸다. 그렇게 한 해를 보내고 초등학교에 입학했다.

그 뒤 아내는 집이 아닌 사무실에서 근무하게 되었다. 대부분의 맞벌이 부부들은 아이들이 하교한 뒤 함께 있을 수 없기에 학원을 여러 곳 보낸다. 하지만 아내는 엄마의 역할을 대신해서 아이들의 정서를 보듬어 줄 수 있는 할머니를 고용해서 아이들을 보살피게 했다. 학원을 돌리는 대신 월급의 상당한 부분을 그 할머니께 드리며 아이들에게 따뜻한 집밥을 먹이고, 집에서 놀 수 있도록 잘 보살펴달라고 부탁했다. 대부분의 엄마들은 상상도 하지 못할 결정일 것이다. 모든 아이가 학원에서 뭐라도 하나 더 배우고 있는 현실 속에서, 나의 아이는 맨날 노는 보습을 보면서도 불안해하지 않을 부모를 난 아직 보지 못했다. 아이들도 그때의 기억이 좋게 각인되어 아직도 그 할머니와의 추억을 가끔 얘기하곤 한다.

아내는 아이들이 어릴 때 싱글맘이 되어 힘들게 아들 둘을 키웠다. 밖에서 하는 일을 그만두게 되어 새로운 직장을 구해야 했을 때, 아이들을 곁에서 보살피기 위해 집에서 영어를 가르치기 시작했다. 보통 얘기하기를, 부모는 절대로 자기 자식 교육을 직접 못 한다고들 하지만 아내는 두 아들을 다른 학생들과 똑같이 대하며 영어를 직접 가르쳤다. 나의 자식을 다른 아이들과 똑같이 대한다는 건 말처럼 쉬운 일이 아니다. 아내는 수업 시간에 그 중심을 잡기 위해 항상 노력했다. 아이들도 마찬가지였다. 분명 엄마지만 수업 시간에는 선생님으로 대해야 했다. 수업하는 방과 거실을 가르는 중문 하나 사이로 한쪽에서는 엄마와 아들로, 다른 한쪽에서는 선생님과 학생으로 서로를 대했다.

다른 학원도 절대 강요하며 보내지 않았고, 아이들이 보내달라고 요청한 곳만 보냈다. 그렇게 두 아들은 본인이 원하는 전공을 선택하고 좋은 대학에 입학했다. 같은 학교에 들어온 대부분의 친구들이 비싼 과외를 받고 학원도 여러 군데 다니며 컨설팅까지 받고 들어왔기 때문에, 친구들로부터 정말 가성비 좋게 대학에 들어왔다는 얘기를 듣는다고 한다.

아이들은 어릴 때부터 설이나 추석, 생일 같은 날이면 어른들에게 용돈을 받는다. 보통은 그렇게 받은 현금이 어떻게 쓰이는지도 모르게 사라진다. 아이들을 위한 선물로 돌아가기도 하지만, 부모들이 알아서 사용하는 경우도 많다. 하지만 아내는 그런 돈이 생길 때마다 아이들의 통장에 차곡차곡 저

축하며 모아뒀다. 그리고, 아이들이 성인이 되었을 때 조금씩 더 보태서 각각 천만 원씩 만들어 줬다. 스무 살의 천만 원은 보통의 돈이 아니다. 너희들의 돈이니까 여행하는 데 쓰든지, 사고 싶은 걸 사든지 마음대로 사용하라고 했다. 아이들도 그 돈의 소중함을 알기에 함부로 쓰지 않고 정말 필요하다고 판단하는 곳에 잘 사용하고 있다.

 아이들에 대한 차별도 전혀 하지 않았다. 큰아들이 고등학교에 다닐 때 덴마크로 일주일 정도 연수를 가는 프로그램에 참가하게 되었다. 주위에서는 공부에 매진해야 할 시기에 어떻게 거길 보낼 수 있냐며 의아해했지만, 그 경험 이후 성적은 더 올랐다. 이후에 작은아들도 다녀오라고 했지만, 별로 가고 싶지 않다고 했다. 그래서 아내는 그만큼의 돈을 따로 작은아들의 통장에 넣어줬다. 부모가 자식들을 동등하게 대해줘야 형제간의 우애도 보장이 된다. 유산이 많은 집의 부모가 죽으면 재산 분쟁으로 형제들이 서로 등을 지는 경우가 많다. 부모가 자식들을 차별하지 않는다면 절대 그럴 일은 없을 것이다.

 아내와 나는 16년이라는 길고도 힘든 시간을 보내고 난 뒤

에야 결혼식을 올릴 수 있었다. 결혼식을 하기로 결정한 뒤 두 아들에게 가장 먼저 얘기했다. 어릴 때부터 아내와 나의 관계를 가장 가까이서 지켜봐 줬던 아이들은, 왜 이렇게 늦었냐며 진심으로 축하를 해줬다. 세상의 모든 것을 다 얻은 기분이었다. 우린 그런 두 아들을 언제나 믿는다. 말뿐이 아니고 진심으로 믿는다. 건강하고, 자존감 높고, 멋진 성인이 되어줘서 너무나도 고맙고 자랑스럽다. 아이들이 자신의 인생을 스스로 만들어 가며 이 넓은 세상을 씩씩하고 단단하게 나아가길 언제나 응원한다.

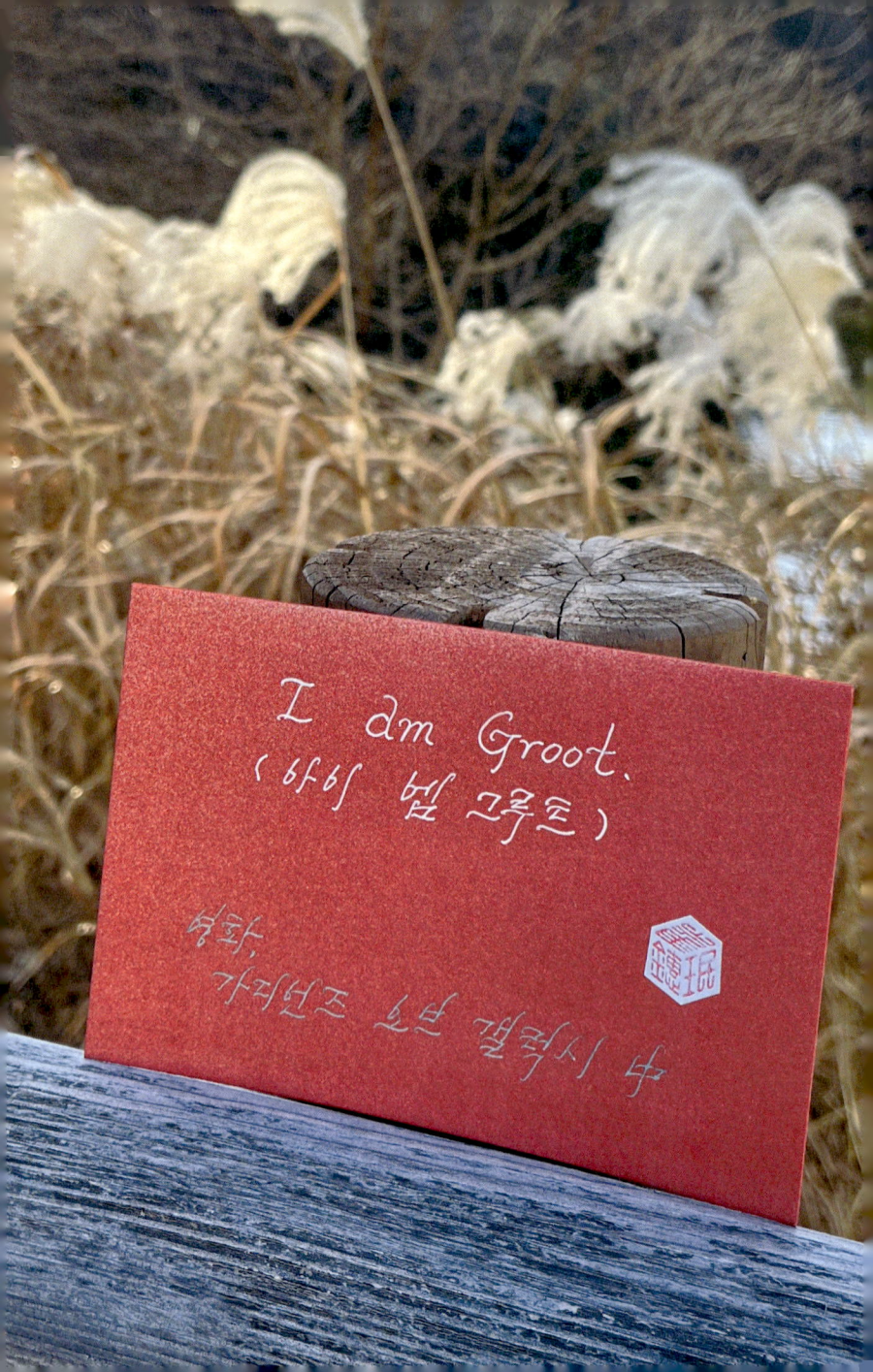

9.
마음을 다해 들어야 한다.

진심으로 귀를 기울여야 들을 수 있다.

'그루트'는 영화 「가디언즈 오브 갤럭시」에 등장하는, 살아 움직이는 나무 캐릭터다. 그루트는 라쿤 '로켓'과 함께 등장하며, 할 줄 아는 말은 "아이 엠 그루트."뿐이다. 하지만 로켓은 그 짧은 말속에 담긴 세세한 내용까지 완벽하게 이해한다. 이후에 그 둘과 함께 동지가 되는 가디언즈 오브 갤럭시의 다른 맴버들은 그루트의 말을 전혀 이해하지 못하지만, 시간이 갈수록 모두가 자연스럽게 알아듣게 된다.

그와 비슷하게 아기들이 옹알이할 때 아이의 엄마는 그 말을 잘 알아듣는다. 그게 가능한 이유는 아기들의 말뿐만 아니라 표정과 억양과 기분을 살펴 가며 온 마음을 다해 듣기 때문이다.

안타깝게도 우리 사회에는 지나친 사랑으로 오히려 자식들을 힘들게 하는 경우가 많다. 가장 슬픈 건 그런 부모들로 인해 아이들이 극단적인 선택을 하는 경우가 있다는 것이다. 실제로 청소년들의 자살은 지속적으로 증가하는 추세다. 소중한 각각의 개성을 인정하려 하지 않고 학업 성적으로 아이들의 모든 걸 평가하는 분위기가 만연하다. 원하는 진로가 있다면, 그것만으로도 충분히 박수와 지지를 받을 만큼 훌륭한 학생이다. 본인이 하고 싶은 일이나 좋아하는 것이 있다면 점수보다는 학과를 먼저 선택할 것이다. 하지만 실제로 대학과 학과를 정할 때 주로 점수에 맞게 갈 수 있는 곳을 선택하는 경우가 많다.

  얼마 전 재미있게 본 드라마에서, 의사인 아버지가 미대에 가고 싶어 하는 딸을 의사로 만들기 위해 미대 진학을 포기하게 만드는 장면이 나왔다. 분명 현실에서도 똑같은 일이 일어나고 있을 것이다. 아이들은 많은 방법으로 어른들에게 자신의 생각을 이야기한다. 말도 못 하는 유아기에는 울음과 몸짓으로 의사를 전달하고, 말을 하기 시작할 때는 온종일 이야기를 멈추지 않기도 한다. 하지만 아이들이 커갈수록 말수는 줄어들고, 심한 경우 가정에서 입을 닫아버리는 경우가 많다. 어른들이 자신들의 이야기를 들어주지 않는다고 생각하기 때문이다.

  부모는 아이들의 말을 누구보다 잘 이해할 수 있지만, 듣기보다는 주로 말을 하는 쪽이다. 그 말 중의 많은 부분은 지시와 금지의 언어들이다. "공부해라.", "게임하지 마라.", "담배 피우지 마라." 등의 말이다. 많은 부모는 학창 시절에 공부를 열심히 하지도 않았고 잘하지 못했음에도, 자식들이 공부하기 싫어하는 것을 두고 보지 못한다. 심지어 자식들이 공부를 못하는 것을 이해하지 못하기도 한다. 많은 아버지들은 이미 중·고등학교 때 담배를 피워보고 몰래 술도 마신 경험이 있다. 하지만 자식들이 그러는 꼴은 죽어도 못 본다. 본인들이 그렇게 하고도 아무 탈 없이 세상을 잘 살아가듯, 자식들이 그런 일탈을 해도 아무 문제가 없다는 사실을 모른다. 그렇게 금지하는 이유는 아이들을 믿지 못해서일 것이다. 술이나 담배를 경험하는 자체가 그리 큰 문제는 아니라 생각한다. 중요한 것은 그런 경험을 한다고 해도 거기에 빠지지 않고 통제할 수 있는 정상적인 생각을 가지게 해 주는 것이다. 그게 바로 어른들의 역할이다.

  두 아들이 중·고등학교에 다닐 때 아내와 나는 공연을 자주 했고, 가끔 다른 지역에서 공연이 잡혀 집을 비울 때도 있었다. 그럴 때는 항상 냉장고에 맥주를 사두고 저녁에 치킨을 배달해 주며 친구들과 집에서 놀라고 했다. 어차피 그 나이 때에는 주머니 사정이 넉넉하지 않기 때문에, 나이가 들어 보이는 친구가 대표로 술을 구해오고 주로 공원의 정자 같은 곳에서 새우깡에 소주를 마신다. 실제로 두 아들은 몰래 한 잔하고 들어오면 사실대로 얘기를 해줬다. 그렇게 어른들 눈을 피해 쓴 소주를 마실 게 뻔하니, 차라리 따뜻한 집에서 먹을 기회를 주는 것이다. 그런다고 인생이 나락으로 가거나, 그것 때문에 좋은 대학에 가지 못하는 건 절대 아니다. 부모가 아이들을 진심으로 믿어 주고, 아이들도 그 사실을 아는 것이 가장 중요하다.

두 아들이 자신들의 고민거리 혹은 앞으로의 계획을 들려줄 때면 얼마나 행복한지 모른다. 우선 고민거리를 공유할 수 있는 관계라는 것만으로도 너무 감사하다. 좀 더 오래 살아온 경험으로 이런저런 조언도 해 주고, 함께 해결책도 찾아보며 문제를 풀어나가는 과정도 즐겁다. 앞으로의 계획을 얘기할 때는 진정으로 자신의 인생을 살고 있음이 느껴진다. 진짜로 성인이 되었음을 실감한다. 그와 동시에 부끄럽지 않은 부모가 되도록 잘 살아야겠다는 다짐도 하게 된다. 앞으로 그들의 인생을 만들어 나갈 모습이 무척 궁금하고, 생각만 해도 설렌다. 그들이 어떤 선택을 해도 온 마음을 다해 응원할 것이다. 누구보다 자기 삶에 대해 깊이 고민하고 결정한 일임이 분명할 것이기 때문이다.

부모의 에너지는 그대로 자식들에게 넘어간다. 잉크를 빨아들이는 스펀지처럼 고스란히 흡수한다. 아이들이 입을 닫는 원인은 부모 자신에게서 찾아야 한다. 우선 진심으로 귀를 기울여 아이들의 이야기를 들어 주는 것부터 시작해야 한다. 마음속에 숨어있는 말들을 세상 밖으로 꺼내줘야 한다.

자식들에게 해 줄 수 있는 좋은 말이 있다.

"씩씩하렴! 단단하렴!"

- 백지숙, 「아가야」 中

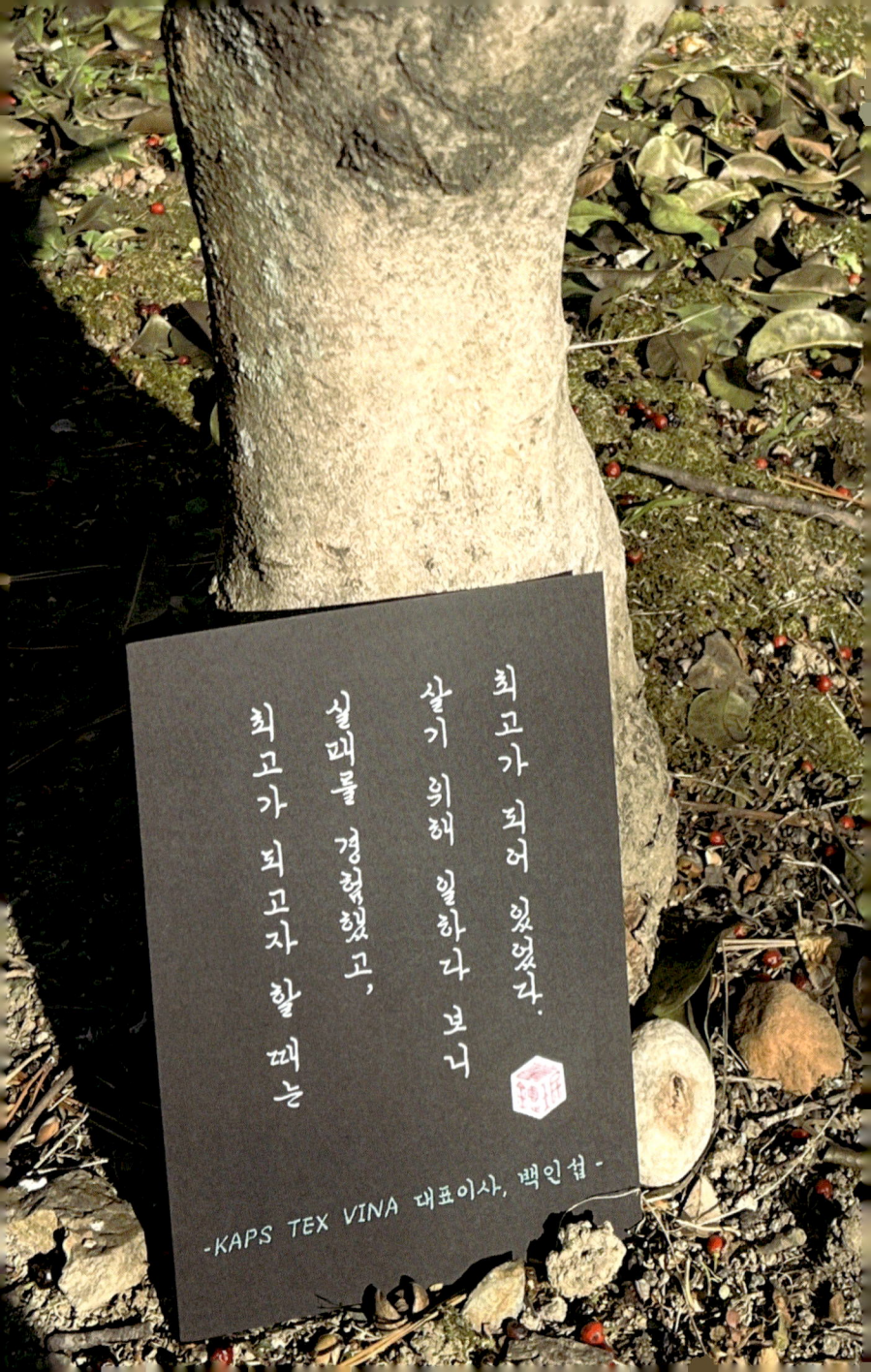

10.
절박함을 되찾자!

KAPS TEX VINA의 백인섭 대표는 내가 존경하는 사업가다. KAPS TEX VINA는 베트남에 있는 업계 최고 타폴린(Tarpaulin) 생산 기업으로 미국, 유럽, 중동을 비롯한 세계 각국으로 다양한 특수 천막 원단을 수출하고 있다. 기업의 사회적 역할을 중요시하며, 회사의 성장과 더불어 그 이익을 사회에 환원하는 방법을 고민하고 실천하고 있다. 또한, 환경 문제를 해결하는 데 이바지할 수 있도록 친환경 소개 개발에 끊임없는 연구와 투자를 이어가고 있으며, 베트남 현지의 학교에도 매년 꾸준히 기부하며 모범을 보이고 있다.

백인섭 대표는 최고가 되겠다는 큰 꿈을 품고 젊은 나이에 사업을 시작했지만 결국 쓰디쓴 부도를 맞았다. 하지만 거기서 주저앉거나 포기하지 않고, 살아야겠다는 마음으로 일어나 처음부터 다시 시작했다. 살기 위해 그렇게 정신없이 달리다 보니 어느샌가 업계 최고의 기술력을 가진 회사로 성장해 있었다고 했다. 그는 실패할 수 있는 것이 젊음의 가장 큰 특권이라고 한다. 그런 철학과 의지가 위기를 딛고 다시 일어설 수 있었던 힘의 원동력이 되었을 것이다. 지금도 멈추지 않고 항상 새로운 기술을 적용한 제품을 생산하기 위해 꾸준히 연구하고 있다.

 '절박함'이란 그야말로 진심에서 나오는 힘이다. 그래서 최선의 노력을 다할 수 있게 해 주는 크나큰 동력이 된다. 절박함이 성공을 100% 보장해 주지는 않지만, 성공의 가장 큰 발판이 되어 주는 것은 분명하다. 또한, 실패할지라도 후회와 미련을 최소화해 주는 효과도 있다.

 나는 대학 졸업 후 첫 직장을 다니다가 3년을 채우지 못하고 회사를 그만두었다. 유명한 대기업으로, 주위에서 모두 부러워했던 좋은 직장이었다. 업무도 적성에 잘 맞았고 동료들도 좋아서 바쁘지만 즐겁게 직장생활을 했다. 신입사원을 갓 벗어났던 시기에, 존경했던 팀장으로부터 받았던 지시가 있었다. 하지만 아무리 생각해도 그 지시는 부당한 것으로 느껴졌다. 다른 직원들도 모두 부당하다고 생각했지만, 회사에서 잘릴 수도 있다는 걱정이 앞서 그저 지시를 따르고 있었다. 실제로 공정거래위원회에 문의한 결과 명백한 불법이라는 답을 받았다. 직원의 신분으로 받은 부당한 지시는 이행하지 않으면 그만이었지만, 그런 지시를 내려야 할 위치에 있을 10년 후 나의 미래를 생각하니 더 이상 그 회사에 다닐 수가 없었다. 결국 공정거래위원회에 자료를 보내며 내부고발자가 되었고, 사직서를 제출하고 회사를 나왔다. 나중에 알고 보니 그 사건은 씁쓸하게도 고작 3억 원 정도를 과징금으로 내고 조용히 끝났다고 한다. 그런 규모의 대기업에서 3억 원은 말 그대로 껌값 수준이었다.

 구체적인 이직 준비를 하지 않고, 기술고시를 치겠다는 것만 결정한 상태로 직장을 그만뒀다. 모아뒀던 돈과 퇴직금으로 계산해 보니 정확히 3년을 버틸 수 있었다. 모든 걸 3년 만에 결판낸다는 심정으로 공부를 시작했다. 시험과목 중에 내가 전공하지 못했던 내용이 포함돼 있어서, 해당 과목 교수님께 양해를 구하고 청강을 하면서 하루 10시간 이상씩 공부했다. 공부가 정말 잘될 때는 아침에 씻고 준비하는 시간도 아까워서 다음날 입고 나갈 옷을 미리 입고 자기도 했다.
 그렇게 공부하며 3년 동안 2번의 시험을 쳤지만, 결과는 모두 탈락이었다. 내가 공부하던 모습을 본 주위 사람들은 한

번만 더 해보라고 권유하며 아쉬워했다. 하지만 나는 내가 할 수 있는 것을 다 했다고 생각했고, 나는 합격할 능력이 안 된다는 사실을 깨달아서 미련 없이 그만두었다. 그만큼 절실했고, 최선을 다했기 때문에 그럴 수 있었다. 모아둔 돈을 다 썼기에 결국 다시 회사를 알아봐야 했다.

 3년을 투자했다는 보상 심리와 다른 사람들의 이목도 신경이 쓰여서 이전 회사와 같은 대기업에만 지원했다. 수많은 곳에 원서를 넣었지만, 짧았던 첫 직장의 경력과 고시 준비 기간의 공백으로 인해 판판이 쓴 고비를 마셔야 했다. 그제서야 현실을 직시할 수 있었고, 중소기업에라도 다시 들어갈 수만 있으면 좋겠다는 절박함이 생겼다. 그러다가 우연히 지금 다니고 있는 회사의 신입사원 공채 공고를 보고 지원했다. 운이 좋게도 1차 필기시험 과목이 3년간 공부했던 기술고시 과목과 완벽하게 같았고, 2차 논술은 기술고시 2차 시험보다 훨씬 간단했다. 선발 인원이 너무 적었지만, 마지막 기회라고 생각하고 최선을 다해 준비한 결과 높은 경쟁률을 뚫고 합격했다. 이전에 다니던 회사보다 더욱 만족스럽게 지금까지 잘 다니고 있다.

 앞서 말했지만, 절박함이 있다고 모두가 성공하는 것은 아니다. 하지만 스스로 후회가 없을 정도로 최선의 노력을 다할 수 있게 해 준다. 물론 그것은 자기 자신만이 알 수 있다. 실패로 끝나고 난 뒤 미련이나 후회가 남는다면 최선을 다하지 않았다는 증거로 보면 될 것이다.

백인섭 대표의 얘기를 직접 들었을 때, 지금 나에게는 없는 그 절박함을 다시 찾아야겠다고 생각했다. 어떤 일을 하던 그때의 그 절박한 심정으로 임해야겠다고 다짐했다. 업계 최고라는 자리에 오르며 큰 성공을 이룬 그 분은 아직도 절박함이 있어 보여서 더 멋지고 존경스러웠다.

백인섭 대표는 내 아내의 오빠, 그러니까 나의 손위 처남이다.

이반 데니소비치의 하루 中
솔제니친,

없었던 것이다.
식사를 할 수는
모자를 쓴 채
남들처럼
아무리 날씨가 추워도
모자를 벗었다.
박박 깎은 머리에 쓴
그는
식탁 위에 꺼내 놓고,
숟가락을

11.
내가 지키는 존엄성

 러시아의 작가 솔제니친은 2차 세계대전에서 나치 독일과의 전쟁에 장교로 참전한다. 그러던 중 친구에게 보낸 편지에서 스탈린을 조롱하는 내용을 썼다는 이유로 무려 8년 형을 선고받고 수용소에서 수감생활을 한다. 아이러니하게도 그런 억울한 경험을 바탕으로 쓴 이 소설로 그는 노벨문학상을 받게 된다.

 해당 문장은 소설 초반에 주인공인 죄수 이반 데니소비치 슈호프가 아침 식사를 시삭하는 장면의 내용이다. 저 내용만 읽었을 때만 해도 주인공은 다른 사람의 시선을 신경 쓰는 인물인 줄로만 알았다. 하지만 주인공이 후반부에 저녁을 먹는 장면, 마주 앉아 식사하는 노인 죄수의 모습에서는 경외심마저 느껴졌다. 어떤 상황에서도 잃지 말아야 할 인간의 존엄성에 대해 깨닫게 되었고, 누구의 시선과는 상관없이 나의 생활에 질서를 잡으며 살기 위해 노력하는 계기가 되었다.

  나는 가족과 떨어져서 회사에서 제공해 주는 독신자용 숙소에 혼자 살고 있다. 아내가 한 번씩 놀러 오기도 하는데, 깔끔하게 정리된 방의 모습이 놀랍고 보기 좋다고 한다. 다 그런 건 아니지만, 남자 혼자 사는 방은 바닥에 쓰레기가 나뒹구는 수준이 보통의 모습이라고 보면 된다. 회사 사무실의 자리도 내가 원하는 모습으로 가꾼다. 자존감과 존엄성은 스스로 만들어 가는 것이다. 누구한테 보여주기 위해 청소하고 정리하며 나의 공간을 가꾸는 것이 아니다. 내가 사용하는 공간이기 때문에 나를 위해 그 공간을 함부로 하지 않는 것이다.

  한 번씩 바빠서 집이 어지러워질 때면 어디선가 슈호프가 날 보고 비웃고 있는 듯한 기분이 든다. 그러면 다시 청소와 정리를 시작한다. 물론 슈호프에게 잘 보이기 위한다거나 부끄러워서 하는 것은 절대 아니다. 그것은 오롯이 나만을 위한 성스러운 노동일 따름이다.

그 위에 올려놓을 것이다.
깨끗이 세탁한 천 조각을 깔고
대뜸 내려놓으려 하지 않고
국물에 더럽혀진 식탁에
다른 죄수들처럼
삼백 그램의 빵만 하더라도
받아들이려 하지 않는다.
어떤 종류의 타협도
조금도 굴할 줄을 모른다.
하지만 그는

- 솔제니친, 이반 데니소비치의 하루 中

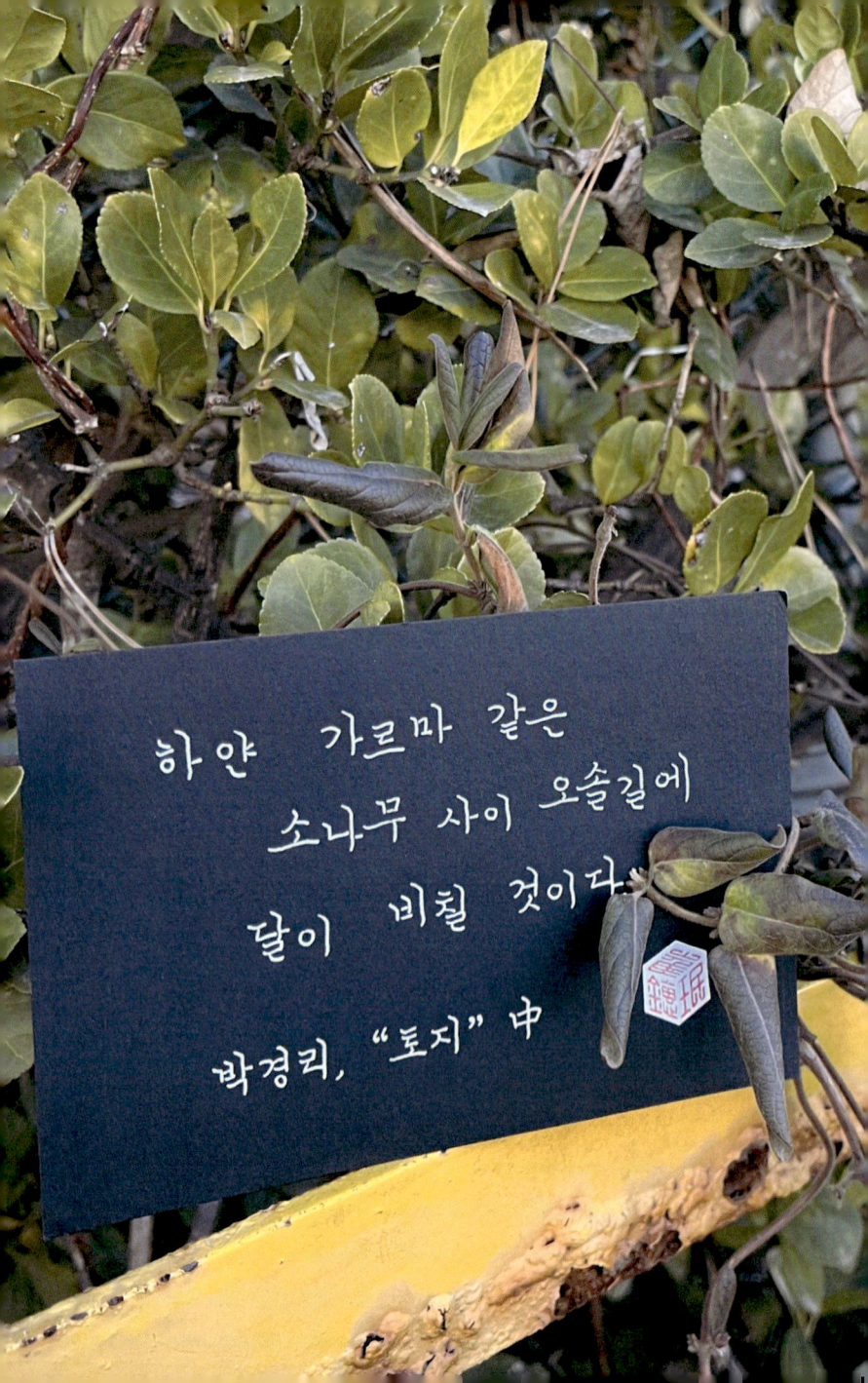

하얀 가르마 같은
소나무 사이 오솔길에
달이 비칠 것이다
박경리, "토지" 中

12.
가르마, 밀당의 고수

「토지」에는 기가 막힌 표현들이 넘쳐난다. 저 부분을 읽었을 때 드론의 카메라로 하늘에서 내려보고 있는 듯한 느낌을 받았다. 물론 저 소설이 태어난 당시 한국에서는 드론이라는 단어조차 존재하지 않았을 것이다. 빼곡한 나무들 사이에 하얗게 드러난 밤의 오솔길을 표현한 '가르마'란 단어에 탄식이 절로 나왔다. 그림을 그린 듯한 표현에 대한 감동과 나의 머리에서는 나올 수 없는 것에 대한 동경이 뒤섞인 감탄이었다. 수없이 많은 사람이 오솔길을 지나다녔을 테지만, 이런 생각을 하는 사람이 과연 몇 명이나 있었을까? 저 문장을 알게 된 이후 나무 사이의 오솔길을 걸을 때마다 하늘에서 내려다보는 이미지를 상상하게 된다. 단어 하나에 새로운 습관이 생긴 것이다.

어린 시절 남들과 마찬가지로 빨리 어른이 되고 싶었다. 초등학생 때 아침에 머리를 감고 물이 마르지 않은 상태에서 가르마를 타고 거울을 보면 잠시나마 어른이 된 기분이 들었다. 그렇게 멋을 내며 머리를 넘기고 학교에 가고 싶었지만, 타고난 직모에다가 왁스는커녕 드라이로 머리를 말리지도 않던 시절이라 항상 더벅머리로 등교했다. 다행이었던 건 대부분의 친구들이 모두 그렇게 다녔다는 것이다.

 중학생 시절에는 똑같은 교복에, 모두가 군인같이 짧은 헤어스타일로 3년을 보냈다. 남자 중학교였으며, 선생님들도 우리를 진짜 군인처럼 함부로 대해 주셨다. 가르마는 엄두도 내지 못할 분위기였지만 머리가 너무 짧아서 어차피 넘기지도 못했다. 고등학교도 역시 남고였고, 여전히 헤어스타일은 스포츠머리로 해야 했다. 하지만 두발 검사를 할 때마다 요리조리 빠져나가며 나름대로 머리를 길게 기르고 다녔다. 16살이 되어서야 드디어 가르마라는 것을 만들 수 있게 된 것이다. 지금 와서 생각하면 아무것도 아닌데, 그땐 그게 그렇게나 좋았다.

 대학생이 되어서야 비로소 누구의 눈치를 보지 않고도 마음대로 머리를 기르고 다듬을 수 있게 되었다. 염색을 하든 장발을 하든 아무도 뭐라 하지 않았지만, 예전에 만끽했던 가르마의 그 소중함은 이미 온데간데없었다. 1998년에 군대에 가면서 26개월 동안 가르마는 또다시 나를 떠났고, 제대하고 나서야 내게 돌아와 지금껏 함께하고 있다. 나에게 있어 가르마는 이토록 오락가락하는 밀당의 고수였다. 지금은 중·고등학교에서 머리를 자유롭게 기를 수 있는 시대라 이런 이야기들이 전혀 와닿지 않을 것이다. 하지만 나와 같은 세대의 남자들이라면 어느 정도 공감하리라 생각한다.

 오솔길을 표현한 아름다운 문장 하나에 어린 시절부터 추억을 하나씩 꺼내어 볼 수 있어 기쁘고 감사하다. 타고난 곱슬머리로 별명이 '배추'였던 잘생긴 초등학교 친구 병철이, 열심히 공부해 보겠다는 다짐의 뜻으로 면도칼로 머리를 빡빡 밀고 나타난 천사같이 착했던 고등학교 친구 석호, 대학교 신입생 시절 앵무새처럼 화려한 염색을 하고 나타났던 천재같이 똑똑했던 친구 성옥이의 얼굴도 떠올랐다. 또 다른 누군가에게는 나와는 다른 추억의 상자를 열게 해 주는 열쇠가 되었을지도 모른다. 문장의 힘은 그야말로 대단하다.

나를 고를 때면
　　내 눈을 바라봐줘요.
난 눈을 감는 법도 몰라요.

루시드폴, "고등어" 中

13.
조화로운 삶

 싱어송라이터 루시드폴의 이력은 엄청나게 독특하다. 서울대학교 응용화학부를 졸업했고, 스웨덴 왕립 공과대학교에서 석사학위를, 스위스 로잔 연방 공과대학교에서 박사학위를 취득했다. 그뿐만 아니라 스위스 화학회에서 최우수 논문상까지 받았다. 학문적인 이력으로만 본다면 그는 완벽한 '이과(理科)'다. 이과적인 사고로 고등어의 눈을 바라본다면, '고등어는 어류다. 어류는 눈꺼풀이 없다. 그러므로 고등어는 눈을 감을 수 없다.'라는 결론에 도달할 것이다. 하지만 그는 완벽하게 '문과(文科)'적인 언어로 고등어의 눈을 아름답고도 슬프게 표현했다. 나는 취미로 기타를 치고 있어서 그의 곡을 자주 연주하곤 하는데, 비단 이 노래뿐만 아니라 그가 만든 노랫말에는 보석처럼 아름다운 표현들이 많다.

지금의 시대는 사람들을 이분법으로 구분하며 두부모 자르듯 편을 나눠버린다. 그러다 보니 자신의 의지와는 상관없이 편이 갈라지면서, 상대편에 대한 감정의 골을 점점 더 깊게 만들고 있다. 남자와 여자, 진보와 보수, 기성세대와 MZ세대 등 서로에 대한 갈등은 적대감을 넘어서 혐오감으로까지 이어지고 있다. 이과와 문과도 마찬가지다. 서로를 깎아내리고, 이해할 수 없는 사고를 한다며 비아냥거린다. 내가 다니는 회사에서도 사무직과 기술직에 대한 감정 대립이 만만치 않다. 각자가 현재 속해있거나 몸담았던 소속에 따라 편이 정해지기 이전에, 우리는 모두 하나의 소중한 인격체다. 서로가 이 사실을 먼저 인식하고 상대를 대한다면 혐오의 분위기가 많이 사라질 것이다.

나는 언젠가부터 습관적으로 다른 사람에 대한 호구조사를 일부러 하지 않고 살았다. 사람에 대한 배경을 미리 알게 되는 순간부터 나도 모르게 선입견이 생긴다고 생각했다. 그가 어느 학교를 나왔는지, 형제는 어떻게 되는지, 사는 곳은 어디인지 등의 사실에 대한 정보가 없을 때 그 사람 자체에 대해 더 잘 알 수 있다고 생각했다. 하지만 오히려 결벽증에 가까울 정도로 모르기 위해 노력을 하는 것 같아서 문제였다.

나의 아내가 연애 초기에 내 주위의 친한 지인들에 관해 물어봤을 때, 그렇게 친하면서도 정작 그 사람에 대해 알고 있는 정보가 거의 없어서 놀랐다고 했을 정도였다. 난 그저 그가 어떤 사람이었는지만 중요하게 생각했던 것 같다.

 나이가 늘어가면서 그 사람의 배경도 그 사람의 일부이며, 선입견을 품는 건 순전히 나의 문제라는 것을 깨닫게 되었다. 지금은 예전처럼 애써 모르기 위해 노력하지 않을 분더러, 궁금한 것은 먼저 물어보기도 한다. 어느 쪽이든 치우치는 건 좋지 않다. 치우침에서부터 다른 극단에 대한 혐오가 시작된다고 생각한다. 조화롭게 사는 게 좋다.

 이과의 정점을 찍고도 누구보다 문과적인 언어로 가사를 쓰고 노래하는 루시드폴은 현재, 뮤지션이자 제주도에서 귤 농사를 짓는 농부로 살고 있다.

알 것 같다.
나왔음을
바로
이유가
자유롭지 못했던
당신이
이제

넥스트,
"아버지와 나 Part I" 中

14.
거주 이전의 자유?

저 부분을 듣자마자 소름이 돋았다. 표현이 너무 멋져서 고등학생 때 시를 짓는 과제에서 따라서 쓰기도 했다.

1992년 신해철은 넥스트(N.EX.T, New EXperiment Team)를 결성하고 1집 앨범을 발표한다. 음악성도 뛰어났고 대중적으로도 큰 성공을 거둔 명반으로 평가받고 있다. 그때는 카세트테이프로 음악을 듣던 시절이었는데, 테이프가 늘어날 정도로 수없이 많이 들었다. 그 중 「아버지와 나 part 1」은 테이프의 B면에 있는 두세 번째 곡으로 기억이 되는데, 배경음악과 함께 나레이션으로 담담하게 읊조리는 형식의 노래다.

누군가로 인해 혹은 무언가로 인해 자유롭지 못하다는 건 너무나 불행한 일이다. 하지만, 따지고 보면 우리는 수많은 이유로 인해 자유롭지 못하다. 초등학교에서부터 대한민국은 거주이전의 자유가 있다고 배웠지만, 과연 우리나라에 그런 자유가 있을까? 원하는 곳에 살기 위해서는 실로 많은 것들을 포기해야 한다. 아니, 모든 것을 포기한다고 해도 살지 못하는 곳도 있다. 단기간에 천정부지로 솟구친 한국의 집값은 수많은 청년의 미래를 암울하게 만들었다. 집이란 존재를 본래 목적인 '살기 위한' 공간으로만 인식해도 현실이 이렇게까지 망가지지는 않았을 것이다. 안타깝게도 집은 그 고유의 목적을 넘어서 투기의 대상이 되어버렸다. 집값이 오르면 정부는 재산세를 더 많이 걷을 수 있고, 건설사는 더 많은 집을 지어 수익을 낼 수 있고, 투기한 사람은 시세차익을 누릴 수 있어서 이익을 본다. 결국 실제로 살기 위해 그 집을 구매하는 사람들이 그 피해를 고스란히 짊어져야 하는 구조다. 정말 어처구니가 없다.

두 아들이 성인이 되어 집을 떠나고 난 뒤, 아내와 나는 더 작은 아파트로 이사를 했다. 4명이 살던 집에 2명만 살게 되었으니 작은 집에 사는 게 당연하다고 생각했다. 집이 작아지면서 남은 돈은 내부 인테리어를 이쁘게 꾸미는 데 보탰다. 아내가 주도해서 카페처럼 이쁘게 집을 꾸며두니 집에 있는 시간이 더 즐거워졌다. 하지만 주위 사람들은 이해할 수 없다고 했다. 집을 바라보는 시각이 완전히 달랐기 때문이다. 사실 자고 일어나면 집값이 계속 올라가 있던 시절에는 마음속에 약간의 흔들림과 투기에 대한 갈등도 없진 않았다. 하지만 집값이 올라도 계속 지금 사는 집에 살았을 거고, 결국 재산세만 더 나갔을 것이다.

  유명 브랜드의 아파트에 사는 아이와 바로 그 옆에 지어진 임대 아파트에 사는 아이는 대개 같은 초등학교에 다닌다. 사는 아파트가 어딘지에 따라 부모와 선생님이 아이들을 차별한다고 한다. 더 마음이 아픈 건 친구들끼리도 그런다는 것이다. 이건 정말로 슬픈 일이다. 가장 안타까운 건 앞으로도 이런 현상이 나아지지 않을 것 같다는 것이다. 부디 집이라는 공간을 그 목적에 맞는 진짜 '집'으로만 인식하면 좋겠다.
  자유라는 단어에서 집으로 의식이 흘러갔는데, 공교롭게도 넥스트 1집 앨범의 제목이 'HOME'이다. 누군가로 인해 자유롭지 못하는 구속, 하지만 부모라는 자리는 그 구속을 행복하게 받아들이게 해 준다. 나도 그렇다.

밀려들고 있다.
방 안에
저녁 빛깔이
한지(韓紙)
오랜 묵은 같은

-박경리, "토지" 中

15.
내가 틀렸을 수도 있겠다.

 빛의 색깔을 이렇게도 표현할 수가 있을까? '오래 묵은 한지 같은 저녁 빛깔'은 창의력이 부족한 나로서는 신기할 정도로 놀라운 표현이었다. 어이없을 만큼 신선하게 느껴진 표현이었는데, 그 색깔이 나에게는 너무나 선명하게 다가왔다. 사람의 시각이란 백이면 백 모두 다르다. 실제로 한 가지 색을 놓고도 각자 다른 색깔로 인식하기도 한다. 물리적인 시신경의 능력 차이도 있겠지만, 그날의 기분에 따라 혹은 살아온 경험에 따라 바라보는 각도와 받아들이는 느낌은 완전히 달라질 것이다.

 저 문장을 알게 된 이후 특별히 인식하지 못했던 빛의 색깔들이 다르게 보이기 시작했다. 초겨울의 쨍쨍한 햇살과 공존하는, 콧속으로 시리게 들어오는 차가운 대기의 색은 오히려 포근하게 느껴졌다. 해가 반대쪽으로 도망가 버린 동해의 저

녘 하늘은 기가 막힌 자줏빛이었다. 서해에서 보는 일몰의 장엄한 모습만 아름다운 줄 알았지만, 반대편의 다른 색깔도 새롭게 눈에 들어왔다. 위대한 장편소설 속의 짧은 문장 하나로 삶에 또 다른 재미가 생기게 된 것이다.

회사에서 회의를 마치면 회의록을 만들어 각자 확인한 뒤 서명을 한다. 신입사원 시절에는 이 과정이 불필요한 시간 낭비이자 요식행위로만 느껴졌다. 하지만 똑같은 장소에서 회의를 하고 나와도 각자 서로 다른 결론을 내리는 경우가 많다. 서로 생각하고 바라보는 관점이 다르니 결국 다른 곳에 도착하게 되는 것이다. 그래서 회의록의 최종본은 각자의 의견을 반영해 몇 번의 수정을 거치는 경우가 많다.

대부분의 일상은 이런 회의록이 존재하지 않는다. 그래서 오해도 더 많이 쌓인다. 나는 A라고 얘기했는데 상대방은 B라고 이해하기도 한다. 억울한 마음에 열심히 해명해도 받아들여지지 않기도 한다. 이렇게 계속 평행선을 달리다 보면 본질은 사라지고 결국 서로의 마음만 상한다. 어릴 때부터 수없이 들어온 역지사지(易地思之)는 이럴 때 쓰라고 배운 것이다. 나는 상대가 틀렸다고 생각하지만, 반대로 상대는 내가 틀렸다고 확신하고 있을 것이다. 이럴 땐 '내가 틀렸을 수도 있겠다'라는 생각을 먼저 하는 쪽이 더 현명한 사람이다. 실제로 내가 틀렸다고 해도 그 생각을 먼저 했다면 훌륭하다고 생각한다.

하지만 자신이 잘못했다고 해서 너무 많은 자책은 하지 않으면 좋겠다. 모든 것이 나 혼자만의 문제일 수는 없기 때문이다. 반성의 끝에서 꼭 브레이크를 밟아주길 바란다. 이럴 때 도움이 되는 딱 좋은 문장이 있다.

"It's not 'only' your fault."
(너 '혼자만의' 잘못이 아니야.)

16.
네 잘못이 아니야!

 타고난 천재이지만 어린 시절 받은 학대의 상처로 세상과의 문을 걸어 잠근 채 살아가는 주인공 윌 헌팅(맷 데이먼). 그런 그의 마음을 열어준 교수 숀 맥과이어(로빈 윌리엄스)의 마법과도 같은 대사. 영화 속에서 교수는 반항하는 학생의 수많은 욕설과 거친 말들에도 아랑곳하지 않고, 마치 주문을 외듯 저 말만 되풀이한다. 교수의 그런 진심 어린 노력은 결국 얼어붙은 청년의 마음을 녹아내리게 한다.

 어떤 문제가 생겼을 때 가장 쉬운 태도는 그 원인을 다른 곳으로 돌려버리는 것이다. 그러면 나의 잘못은 없는 것이 되고, 질책도 받지 않을 수 있다. 주위를 둘러보면 그런 사람들이 실제로도 많다. 살아오면서 그런 모습들이 싫어서 언젠가부터 문제를 나에게서 찾으려 노력했다. 하지만 그 정도가 심해질 때면 자책으로 이어져, 나 자신을 바닥 모를 심연으로 빠뜨리며 괴롭히기도 했다. 결국 심한 자책을 하기보단 차라리 속 편하게 남 탓을 하는 게 낫다는 결론을 내렸다. 물론 그런 자세가 좋다는 것은 아니라 상대적으로 더 괜찮다는 말이다.

실제로 내가 잘못해서 어떤 문제가 생겼을 때, 그것을 반성하고 고치는 것이 가장 좋다. 나 자신을 객관화해서 바라보게 되면 일의 수습도 빨라지고, 똑같은 실수를 반복하지 않을 가능성도 커진다. 하지만 거기서 더 자신을 탓하지 않을 수 있는 브레이크가 꼭 필요하다. 어떤 경우에서든 자존감마저 떨어뜨리는 일은 없도록 해야 한다. 무슨 실수를 했든지 간에 누구나 소중한 존재이기 때문이다.

태생을 금수저와 흙수저로 나누는 수저계급론이 등장하더니 이제는 다이아몬드 수저라는 말도 나왔다고 한다. 실패는 젊음의 특권이라고도 하는데, 우리나라의 수많은 흙수저는 실패할 경험조차 가져보지 못하고 있다. 가장 큰 문제는 자신이 선택할 수 없었던 삶의 출발점들이 그들의 자존감마저 빼앗아 가고 있다는 것이다. 그들 모두가 한 가정의 소중한 자식들이고 우리들의 미래다. 청년들이 어떤 실수를 해도 한 번쯤 품어줄 수 있는 도량이 우리에겐 필요하다. 태생이 어떻든 자신은 매우 소중한 사람이라는 사실을 모두가 꼭 알면 좋겠다.

사랑하는 나의 두 아들은 비록 금수저는 아니지만, 자존감 높은 성인으로 자랐다. 서울의 아파트를 사주지는 못해도 자신을 사랑할 줄 알고, 세상을 당당하게 살아갈 수 있는 에너지를 물려줬다고 생각한다.

힘들어하는 청춘들에게 크게 말해 주고 싶다.
"네 잘못이 아니야."

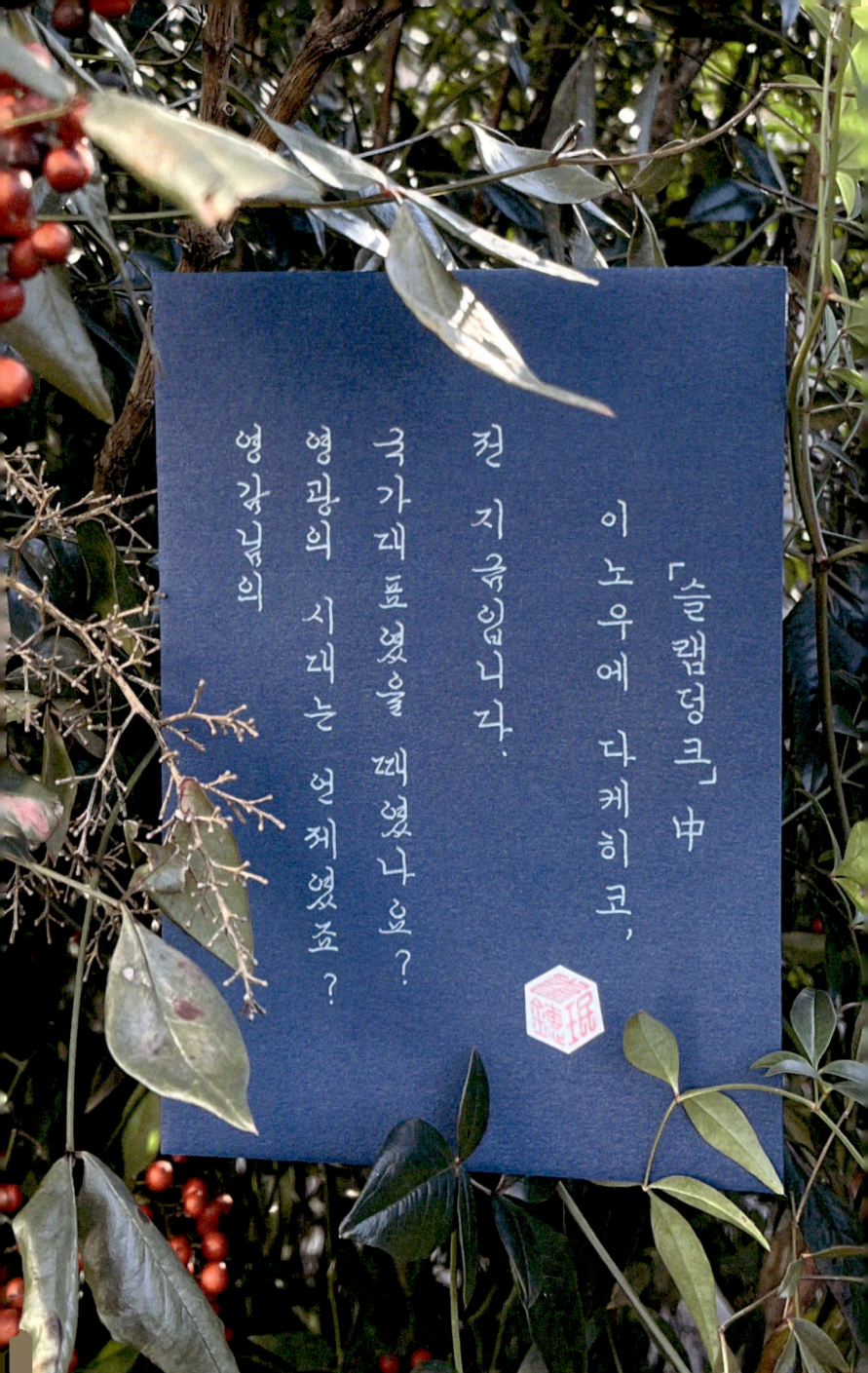

「슬램덩크」 中

이 노우에 다케히코,

전 지금입니다.

국가대표였을 때였나요?

영광의 시대는 언제였죠?

영감님의

17.
내 인생 최고의 날

 전 세계 만화 순위 20위라는 엄청난 판매량을 기록한 「슬램덩크」의 클라이맥스 장면에 나오는 유명한 대사다. 내 나이 또래의 남자라면 누구나 한 번쯤은 접해봤을 만한 만화책이다. 이후 「더 퍼스트 슬램덩크」라는 제목의 극장판 애니메이션이 개봉했다. 원작의 작가 이노우에 다케히코가 직접 감독과 각본을 맡았다. 만화책의 연재가 종료된 후 27년 만에 다시 애니메이션으로 접한다고 생각하니 무척 설렜다. 학창 시절의 추억도 많이 떠올랐다. 영화가 개봉하는 날 회사 농구동호회 사람들과 단체로 관람했다. 그리고 아내와도 한 번 더 봤다. 아내는 그해 내 생일에 「슬램덩크」 만화책 전권을 선물해 줬다.

 나와 아내는 대학교 동아리 선후배 사이로 처음 만났다. 아내는 나보다 10살이 많았고 너무도 사랑스런 두 아들이 있었다. 나는 기타를 쳤고 아내는 노래를 불렀는데, 태어나서 그렇게 노래를 잘 부르는 사람을 처음 봤다. 아내를 향한 음악적인 동경심도 있었고 서로의 호흡도 정말 잘 맞았다. 관객들도 모두 우리의 무대를 좋아했다. 그렇게 연습을 하고 공연도 하다 보니 어느새 사람 자체가 좋아지게 되었다. 하지만 이루어질 수 없는 관계라 생각해, 말도 하지 못하고 남몰래 속앓이만 했다. 나 혼자만 그런 줄 알았는데, 아내도 마찬가지였다.

한참 후 용기 내서 집에 말씀드렸지만, 예상했던 대로 부모님의 반대는 극심했다. 우린 한참 나이가 든 뒤 잠시만이라도 함께 살 수 있으면 좋겠다며 수많은 나날을 눈물로 보냈다. 함께하고 싶은 마음에 둘 사이의 아이를 가져보자는 얘기도 했었다. 하지만 새로 아이가 태어난다면, 사랑하는 지금의 두 아들을 나도 모르는 사이에 차별하고 다르게 대할지도 모른다는 생각이 들었다. 그런 생각을 하는 것 만으로도 두 아들에게 너무나 미안했다. 어른들의 일로 더 이상 아이들에게 상처를 주는 일은 하기 싫었다. 다행스럽게도 극심하게 반대했던 부모님도 내 나이가 40이 넘으니, 마음을 접고 우리의 관계를 받아들여 주셨다. 그렇게 보낸 시간이 무려 16년이었다.

　불가능할 것만 같았던 결혼식을 하기로 했을 때, 아이들은 이미 성인이었다. 큰아들은 군대에 있었고, 작은아들은 입대를 준비하고 있었다. 가장 먼저 두 아들에게 결혼식 소식을 알렸고, 아이들은 우리만큼 기뻐하며 축하해 줬다. 결혼식에 참석하기 위해 큰아들은 군에서 특별휴가를 받아서 나왔고, 작은아들은 입대 날짜를 미루기까지 했다.

　요즘은 웨딩 플래너를 통해 결혼식 준비를 맡기지만, 우리는 모든 것을 직접 했다. 사진은 흑백사진관에서 간소하지만 멋지게 찍었다. 딱 한 번 입고 마는 웨딩 드레스와 턱시도 대신 계속해서 입을 수 있는 좋은 옷으로 맞춰 입었다. 산중에 있는 야외 결혼식을 할 수 있는 장소를 찾아 예약했고, 행사 당일 시나리오와 사회자 멘트, 배경음악까지도 직접 다 준비했다. 감사하게도 주위에서 도와주는 지인들이 많아서 생각보다 훨씬 수월하게 할 수 있었다. 가장 다행이었던 건 결혼식 전날까지 엄청나게 쏟아졌던 비가 그치고, 날씨가 어느 때보다 맑고 화창했다는 것이다.

　 결혼식은 토요일 오후 5시에 시작했다. 일반적으로 볼 수 있는 결혼식의 형식과는 전혀 다르게 진행됐다. 주례는 당연히 없었다. 대신 아버지와 장인어른, 그리고 친한 분들의 덕담 릴레이 시간을 가졌다. 내가 직접 만든 노래를 아내에게 불러줬고, 아내는 반주 없이 즉흥적으로 답가를 해줬다. 그날의 백미는 두 아들이 손수 적어 온 편지를 읽어준 시간이었다. 16년간 가장 가까이에서 지켜봐 온 마음이 오롯이 담긴 편지였다. 모두가 감동했고 많은 사람이 눈물을 흘렸다. 그렇게 본 행사와 식사를 마치고, 나와 아내의 공연을 시작했다. 아내는 직접 만든 노래를 불렀고, 나는 기타 반주를 했다. 이후 여러 팀이 축하공연을 해줬다. 재미있는 춤을 춘 팀도 있었고 노래를 부르는 사람들도 있었다. 그렇게 우리의 결혼식은 무려 3시간 만에 막을 내렸다.

코로나 때문에 사람들이 많이 오지 않을 거라 생각하고 음식도 넉넉히 준비하지 않았는데, 생각보다 많은 분들이 참석해 주셨다. 당일 행사 측에서도 급히 테이블과 의자를 추가로 더 설치해 줬고, 음식도 인원에 맞게 더 조리해 주셨다. 원래 식사를 마친 후 하객들이 많이 귀가하지 않을까 생각했고, 남은 사람들끼리 모여 조촐하게 소규모로 노래도 부르며 놀겠거니 했다. 하지만 감사하게도 대부분이 마지막까지 함께 즐기고 돌아갔다. 게다가 행사 측에서도 너무 즐겁고 좋은 결혼식이었다면서 추가된 음식값도 더 받지 않았다. 날씨를 포함해서 모든 것이 마치 우리 부부를 위해 준비된 하루 같아서 너무 감사했다.

 누구에게나 영광의 순간은 있을 것이다. 이미 경험한 사람도 있을 것이고, 아직 겪어보지 못한 사람도 있을 것이다. 하지만 그 순간은 결코 우연히 오는 것이 아니라 스스로 만드는 것이다. 최선을 다해 준비해야 얻을 수 있다. 죽기 전까지 그것을 느껴보지 못한 삶은 너무나 불행할 것 같다. 나에게는 결혼식이 바로 그 순간이었다. 앞으로의 또 다른 영광의 순간을 맞이하기 위해 더 노력하며 살아야겠다.

농구는 신장이 아닌
심장으로 하는 것이다.

- 앨런 아이버슨 -

18.
노력, 최고의 재능

"Everybody was saying we couldn't win because of our size. But it's not about the size on paper, it's about the size of your heart."

– Allen Iverson

농구선수로는 작은 183cm라는 신장이지만, 화려한 플레이와 멋진 개인기로 NBA에서 MVP까지 수상했던 앨런 아이버슨의 명언이다. 농구인늘에게는 강백호의 명언 '왼손은 거들 뿐'에 버금갈 정도로 유명한 문장이다. 원문보다 짧고 강렬하게 와닿는 멋진 초월 번역이다.

어떤 사람들은 자신이 이루지 못한 일에 대한 이유를 제대로 노력하지 않은 탓으로 돌리기도 한다. 마치 마음만 먹으면 할 수 있는 것처럼 말한다. 실제로 그럴지도 모른다. 하지만 개인의 능력에는 한계라는 것이 존재한다. 내가 밥만 먹고 수년간 연습한다고 해도 절대 덩크슛을 할 수 없다. 이것은 분명한 사실이고, 노력의 여부와는 아무런 상관이 없는 태생적인 문제다. 신체의 능력은 타고나지 않는 이상 뛰어넘을 수 없는 한계가 존재한다. 이런 신체적인 한계는 눈으로 확인할 수 있기 때문에 인정하기가 비교적 쉽다. 하지만 주위를 보면 공부도 노력만 하면 다 잘할 것처럼 착각하는 사람들이 있다. 그것이 사실이라면 열심히만 하면 누구나 서울대에 갈 수 있을 것이다.

중학교 친구 중에 공부를 기가 막히게 잘하는 친구가 있었다. 그 친구 덕분에 나는 아무리 잘해도 반에서 2등이 최선이었다. 나는 나의 노력이 부족해서 그 친구보다 공부를 못했다고 생각하지 않는다. 그 친구는 웬만해선 전교 1등을 놓치지 않았고, 서울대 전자공학과를 들어가더니 적성에 맞지 않다며 이듬해에 서울대 법대에 다시 들어갔다. 이런 친구들에게는 문과 이과의 구분이 아무런 의미가 없다. 결국 사법고시도 통과해서 지금은 부장판사로 근무하고 있다. 무척이나 친하게 지내서 궁금하기도 하고 보고 싶기도 한데, 세월이 흘러서 지금은 연락처도 모르는 사이가 되었다. 그저 인터넷에 검색하면 나올 정도의 유능한 친구라서 어떤 일을 하고 있는지만 알고 있다.

　대학교 동창 중 한 명은 너무 똑똑해서 볼 때마다 다른 차원의 사람이란 느낌이 들기도 했다. 신기한 마음에 따로 기억하는 방법이 있냐고 물어본 적이 있다. 컴퓨터 모니터의 화면을 보는 듯이 책을 읽는데, 기억이 나지 않으면 그 화면을 다시 찾아서 확인한다고 했다. 그 말을 듣고 역시나 나 같은 일반인은 따라갈 수 없는 대단한 친구라고 생각했다. 손때 묻은 헌것과 연필을 좋아하던 그 친구는 현재 카이스트에서 연구원으로 근무하고 있다.

　살다 보면 주위에 뛰어난 사람들이 많다. 절대음감을 타고난 사람, 운동신경이 탁월한 사람, 글씨를 기가 막히게 잘 쓰는 사람 등 다양한 분야에 존재한다. 그들처럼 잘하고 싶은 일이 있다면 최선의 노력을 다해봐야 한다. 운이 좋게도 나에게 재능이 있다면 그 일을 잘할 수도 있다. 하지만 그 반대인 경우일 수도 있다. 그럴 때 능력자들을 부러워하기 시작하면 인생이 너무 힘들고 비참해질 수 있다. 가장 좋은 방법은 그들의 능력을 인정하는 것이다. 그 전에 나의 한계를 기꺼이 받아들여야 가능하다. 예를 든 세 가지는 모두 나의 이야기다. 기타를 치면서 절대음감이 부러웠고, 농구를 하면서 드리블 잘하는 친구가 부러웠고, 같은 반 친구의 글씨가 부러웠다. 처음에는 노력해도 잘되지 않는 내가 싫었다. 그러다 보니 좋아하던 취미마저도 싫어지려 했다. 하지만 언젠가부터 마음을 바꿔 먹으니 너무나 편안해졌다.

절대음감은 타고나야 가능한 것임을 나중에야 알았다. 유명한 작곡가조차 절대음감이 없는 사람이 수두룩하다. 절대음감뿐만 아니라 내 음감 자체가 부족하다는 것을 받아들이고, 쉬운 곡부터 연습하다 보니 아내의 음반에 세션으로 녹음도 할 만큼 기타를 칠 수 있게 되었다.

고등학교 시절에는 농구를 주구장창 했다. 나는 나보다 키가 작은 사람과 농구를 해본 적이 없다. 단신은 드리블로 먹고살아야 하는데 운동신경이 꽝이라 도무지 안 됐다. 어떤 친구는 농구를 별로 해보지도 않았는데 공이 손에서 떨어지지 않게 드리블을 잘했다. 너무 부러웠고 질투심도 생겼지만, 부러움은 어느새 감탄이 되었다. 나의 운동신경이 없음을 인정했다. 대신 슛 연습을 많이 해서 슛의 정확도를 높였다. 지금도 회사 동호회에서 농구를 하는데 역시나 드리블은 못 하고,

그저 왔다 갔다 하면서 숫만 던지고 있다.

중학교 때 서예를 잘하던 친구가 있었는데 손글씨도 기가 막히게 잘 썼다. 나는 정말 악필이었는데 그 친구의 글씨가 너무 부러워서 따라서 썼다. 썼다기보단 그리는 수준이었다. 수업 시간에도 필기한다기보다는 글씨 연습을 했던 것 같다. 그러다 보니 어느 순간 그 친구와 비슷한 수준의 글씨가 되었다. 물론 그 친구의 필체를 따라가진 못했다. 하지만 덕분에 지금도 손글씨를 취미로 즐기고 있다.

타인의 능력을 인정하고 남과 비교하지 않으며 노력하면 마음이 편하다. 그 일이 직업이라면 얘기가 다를 테지만 최소한 취미로 즐기는 일에서는 통할 것이다. 타고난 능력자들을 계속해서 부러워만 했다면 나의 자존감은 낮아졌을 거고, 좋아하던 취미도 지금까지 즐기지 못했을 것이다. 무엇보다 지금 이 책도 세상에 나올 수 없었을지 모른다.

많은 부모가 자식들이 열심히 공부해서 서울대에 가길 바라고 있다. 본인들이 공부를 잘했으면 그럴 수도 있겠다 생각하지만, 그렇지 않은 경우가 대부분이다. 자신들이 공부를 못했으면서 공부 못하는 아이들을 이해하지 못한다. 또한 본인이 공부를 싫어했으면서도 공부를 싫어하는 자식들의 심정을 이해하려 하지 않는다. 모두가 서울대에 갈 필요도 없고, 그곳에 간다고 해서 인생이 성공으로 마무리되는 것도 아니다. 공부 잘하는 것도 좋겠지만, 자존감을 키워주고 좋아하는 것을 향해 노력하는 힘을 키워주는 게 정답이 아닐까 생각한다. 세상 그 어떤 재능보다도 노력하는 능력이 가장 큰 재능이기 때문이다.

"소중한 농구부 사람들.
사내 농구 동호회 〈인바스켓〉"

이 소라, 바람이 분다 中

추억은 나르게 적힌다
그대는 내가 아니다
사랑은 비극이어라

19.

남과 여

 나도 물론 좋아하는 곡이지만, 나의 아내가 가장 좋아하는 가사의 노래이기도 하다. 노래 없이 가사만 읽어도 한편의 뮤직비디오가 눈앞에 스쳐 지나가는 듯하다. 이소라의 목소리는 그야말로 대체 불가능한 매력이 있다. 고등학교 2학년 때 이소라 1집이 발표되었다. 앨범의 타이틀곡 「난 행복해」를 처음 듣고 그 목소리에 완전히 빠져들었다. 수업 시간에도 노래가 귓가에 계속해서 맴돌았고, 카세트테이프는 너무 많이 들어서 다 늘어졌다. 오죽하면 그 당시 이소라와 결혼하고 싶다는, 말도 안 되는 꿈을 꿨을 정도였다. 하지만 지금 내 곁엔 세상 누구보다 노래를 잘 부르는 나의 아내가 있다.

 언젠가부터 뉴스에 스토킹 범죄가 자주 등장하고 있다. 얼마 전 국회에서는 스토킹 범죄에 대해 반의사불벌죄 규정을 폐기하는 법안을 통과시켰다. 이제는 스토킹 피해자가 가해자의 처벌을 원하지 않아도 가해자를 처벌할 수 있게 된 것이다. 그 뉴스를 처음 봤을 때 '당연히 그래야 하는 것 아닌가?'라는 생각이 들었고, 지금까지 스토킹 범죄자의 처벌이 쉽지 않았다는 사실에 적잖이 당황스러웠다. 조금은 늦은 감이 있긴 하나, 지금이라도 바로 잡았으니 참으로 다행이다. 하지만 이렇게 강화된 법만으로 스토킹 범죄 자체를 줄어들게 할 수 있을지는 의문이다. 물론 재발 가능성은 상당히 낮아지리라 생각한다.

  과연 스토킹의 가해자들은 처음부터 작정하고 그런 범죄를 저질렀을까? 실제 그들 중에는 진심으로 상대를 좋아하는 마음으로 시작해서 비극적인 범죄로 끝나버린 안타까운 사연도 분명히 있을 것이다. 좋아하는 사람에게 무작정 자신의 마음을 표현한다고 그게 다 통하는 것은 아니다. 물론 매력적인 외모와 준수한 말발, 거기에 남들이 부러워하는 재력까지 갖췄다면 높은 확률로 성공할 수 있을 것이다. 하지만 세상에는 열 번을 넘게 찍어도 절대 넘어가지 않는 나무도 있다. 그렇게까지 노력했는데도 넘어오지 않는다면, 그건 싫다는 뜻이다. 상대방의 그 뜻을 존중해 줘야 한다. 거기서 선을 넘으면 결국 범죄가 된다.

선을 넘는 행동으로 상대를 괴롭혔음에도 불구하고, 자신의 범죄를 사랑이란 단어로 포장하려고 하는 찌질한 인간들이 있다. 진심이 있다면 절대로 상대방이 싫어하는 일을 하지 않는다. 진짜로 사랑한다면 상대를 스토킹하는 범죄를 결코 저지를 수가 없다는 것이다. 가해자들은 누구를 좋아하거나 사랑하는 감정을 제대로 알지 못하거나, 그런 것을 배우지 못했을 수도 있다. 개인의 태생적인 문제가 원인인 경우도 있겠지만, 어느 정도는 사회적인 책임도 분명히 있다고 본다.

갈수록 팍팍해지는 세상 속에서 모태 솔로도 계속 늘어나고 비혼주의자도 점점 많아지고 있다. 가정을 꾸리기에는 경제적으로 너무 부담되어 어쩔 수 없이 독신을 선택하는 사람들도 있다. 이 사실은 단지 결혼하지 않으니 아이를 낳을 기회가 줄어드는, 인구감소라는 국가적인 문제와만 연관된 것이 아니다. 사람에 대한 이해와 공감의 부재가 더욱 본질에 가까운 문제다. 타인과의 관계를 맺는 일에 서툰 사람들이 많아지고 있다는 것이다. 그래서 연애하기도 당연히 어려울 수밖에 없다. 단순히 남자와 여자가 만나 단둘이서 사랑하기도 어려운데, 부부의 연을 맺고 처가 또는 시댁의 가족들까지 새로 관계를 만들고 이어가야 하는 것은 상상하기도 싫을 것이다.

게다가 전통적인 남녀 간의 차별과 제도적인 불평등으로 인해 서로를 향한 나쁜 감정의 골도 많이 깊어진 상태다.

 여자와 남자는 부부가 되어 평생을 함께 노력하며 산다 해도, 결국 서로를 다 이해하지 못하고 생을 마감하는 사이다. 태생적으로 너무나도 다른 존재이기 때문이다. 오죽하면 남자는 화성에서 왔고, 여자는 금성에서 왔다는 책도 있겠는가. 남녀를 떠나, 다른 사람들과 함께 어울리고 그들을 이해하는 법은 어릴 때부터 배워나가야 한다. 그게 바로 사회성이다. 하지만 지금 우리나라의 아이들은 사는 아파트가 어디인가에 따라 친구들을 구분하는 삭막한 세상에서 살고 있다. 가정 환경이 다른 친구들과 함께 어울려서 조화롭게 살 수 있는 법을 알려줘야 할 어른들이 오히려 먼저 모질게 선을 그어 버린다. 고작 그거 하나가 달라도 어울릴 수가 없는데, 남과 여라는 이 간극은 얼마나 멀고도 먼 거리이겠는가.

 결혼정보회사도 많이 늘었고, 매스컴에는 다양한 형태의 짝짓기 프로그램이 넘쳐난다. 이성에게 다가가 구애하는 것도 학습하거나 누군가의 도움을 받아야 하는 현실이다. 하지만 연애의 방법을 배우는 것만이 능사는 아니다. 남녀를 떠나,

사람에 대한 이해가 우선되어야 한다. 연애는 역지사지(易地思之)를 몸소 실천해 볼 수 있는 가장 좋은 기회다. 다른 사람의 마음을 얻기 위해서는, 먼저 그 사람이 무엇을 원하는지를 알아야 한다. 내가 좋아하는 방식을 상대방도 똑같이 좋아한다고 생각하면 안 된다. 우리는 모두가 다른 존재이며, 그래서 추억은 다르게 적히기 때문이다. 우선 상대를 소중한 인격체로 대하는 것에서부터 제대로 된 관계가 시작된다. 그것만이라도 된다면 각자가 써 내려가는 추억들이 비슷해질 수는 있을 것이고, 스토킹이라는 비극으로 끝나지는 않을 것이다.

연애에 서툰 분들에게 추천해 주고 싶은 멋진 문장이 있다.

"내 여자에겐 따뜻하겠지…."

- 조석, 「마음의 소리」 中

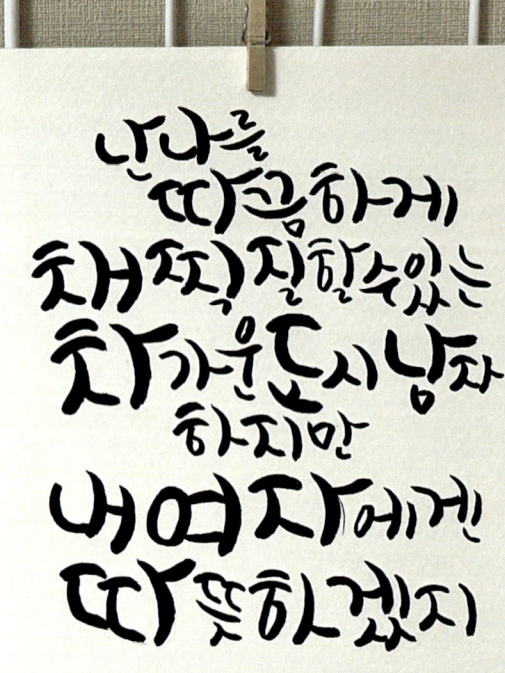

20.
만화의 필요성

조석 작가님의 전설적인 웹툰 「마음의 소리」에 나오는, '차도남'이라는 유행어를 몰고 온 유명한 대사다. 지금은 너무 많이 알려진 문장이지만, 그 당시 컴퓨터로 보다가 육성으로 뿜었던 기억이 있다.

나의 학창 시절은 인터넷이 보급되지 않아 웹툰이란 단어도 존재하지 않았다. 그래서 주로 학교에서 만화책을 봤다. 보통은 넉넉한 집인 형편에나가 부모님의 성향까지 개방적인 친구들이 가져온 만화책을 반 전체가 돌려서 읽었다. 그 시절엔 만화방도 많이 있었다. 하지만 나의 용돈으로는 오락실과 만화방을 둘 다 갈 수가 없었기에, 과감하게 만화방을 포기했었다.

지금도 그렇지만, 당시 만화책은 학생들에게 나쁜 영향을 미친다는 인식이 팽배했다. 심하게는 암적인 존재로 인식되기도 했다. 그래서 항상 선생님의 눈을 피해 몰래 봐야만 했다. 운이 나쁘게 선생님께 걸리면 바로 압수당했고, 하필 선생님의 기분이 나쁘기라도 한 날이면 반 전체가 소지품 검사를 당하기도 했다. 언제나 그 결말은 스포츠머리에 걸맞게 군인 취급을 받으며 단체로 벌을 받는 것이었다.

만화책으로 인한 악영향은 물론 많다. 하지만 그와 반대로 좋은 영향을 주는 부분도 분명히 존재한다. 그중 하나가 나처럼 창의력이 부족한 사람들에게 상상의 날개를 펼칠 수 있게 해 준다는 것이다. 중학교 때에는 「슬램덩크」를 보면서 농구공도 처음 만져보았고, 그 후로 농구는 내게 지금까지도 유일하게 즐기는 운동이 되었다.

나이가 어리고 미성숙하다는 이유만으로 만화책을 보지 못하게 하는 건 불합리하다. 금지하는 이유는 자신의 아이들을 믿지 못하는 어른들의 생각 때문일 것이다. 나는 젊은 시절에 「마음의 소리」를 너무나 재미있게 봐서 큰아들이 초등학생일 때 단행본으로 출간된 만화책을 사 줬다. 그리고 웹툰도 있으니, 컴퓨터로도 볼 수 있다고도 알려줬다. 대학생 시절에 문정후 화백의 명작 「용비불패」를 읽었다. 그 후 20년이 흐른 뒤 작가는 「고수」라는 작품을 웹툰으로 연재했다. 「고수」는 두 아들도 재미있게 봤다고 한다. 후반부에 노인이 된 「용비불패」의 주인공들이 등장하는 장면에서의 감동은 말 그대로 가슴이 웅장해질 정도였다. 적어도 나에겐 세대를 거쳐 공감할 수 있게 만들어 준 고마운 선물 같은 작품이다. 이제는 대학생이 된 두 아들과 함께 술잔을 기울이며 그 만화에 대해 즐겁게 이야기를 나누기도 한다.

자신을 소중하게 생각하는 주관과 자제할 수 있는 힘만 있다면 만화책은 아이들에게 아무런 해를 끼치지 못한다. 결국 콘텐츠가 문제가 아니라 그것을 잘 소화할 수 있는 능력이 본질이다. 물론 아이들을 온전히 믿을 때 가능하다.

영원히 안녕히
철이 들었덜 것 같습니다.
저는 너무 일찍
사랑하는 뽀르뚜가,
철이 들어야만 하나요?
왜 아이들은

-바스콘셀로스,
　나의 라임오렌지나무 中

21.
철들지 않아도 될 권리

 초등학교 시절 눈이 퉁퉁 붓도록 울면서 봤던 「나의 라임오렌지 나무」의 마지막 페이지에 나오는 대사다. 5살짜리 주인공 꼬마 제제가 어른이 되어 진정한 벗 뽀르뚜가에게 쓴 편지의 내용이다. 가슴이 시리도록 슬퍼서 소리도 내지 못하고 이불 속에서 꺼억 거리며 울었던 기억이 난다.

 철이 들지 않아도 되는 것은 세상 모든 아이가 누려야 할 특권이다.

 각종 오디션 프로그램이 넘쳐나고 있다. 방송사마다 형식이 비슷한 듯하면서도 약간씩 다르고, 성악부터 트롯까지 그 장르도 매우 다양하다. 열정도 넘치고 실력도 탄탄하지만, 세상에 드러나지 못했던 수많은 예술가에게 자신을 알릴 좋은 기회라 생각한다. 실제로 수상자들은 돈과 유명세를 한꺼번에 거머쥐며 완전히 다른 인생을 살기도 한다. 그런 프로들을 보다 보면 항상 어린아이들이 자주 등장한다. 너무나 귀엽고 사랑스러운 모습에 보고 있으면 절로 웃음이 나고, 어른 못지않은 실력에 깜짝 놀라기도 한다. 하지만 한편으로는 그 아이들이 어른들의 돈벌이 수단으로 전락하지 않고 잘 성장할 수 있길 바라는 마음이 든다. 너무 빠른 유명세로 좋지 않은 인생의 결말을 맞는 경우를 많이 보았기 때문이다.

학교 교육이 능사는 아니지만, 우리나라에서 살아가려면 초등학교부터 고등학교까지 최소 12년간 친구들과 부대끼는 시간을 거치는 게 필요하다고 생각한다. 그 기간을 보내면서 수많은 것들을 배우게 된다. 아픈 친구를 도와주는 것, 선생님의 눈을 피해 땡땡이치는 방법, 힘센 친구들과 정면으로 부딪치지 않고 잘 지내는 요령, 불의를 보고 참지 않는 용기뿐만 아니라 부당한 대우를 받고도 상황에 따라 참아낼 수 있는 인내심 등 다양한 것들을 배울 수 있다. 그렇게 청소년들은 사회인이 되어가는 것이다. 그런 과정을 건너뛰는 것은 한 사람의 인생을 놓고 봤을 때 너무 큰 도박이라 생각한다.

얼마 전 잘 나가던 배우가 마약에 손을 대 나락으로 떨어진 사건이 있었다. 어릴 때부터 두각을 보였고 앞날이 창창했던 아까운 배우였다. 너무 일찍 거머쥔 부와 명예로 인해 점점 더 큰 자극이 필요하지 않았을까 생각된다. 마약에 손을 댄 건 분명 잘못한 선택이었고, 벌을 받아야 마땅하다. 하지만 그런 선택을 한 것이 과연 한 사람만의 잘못 때문이었는지는 잘 모르겠다. 부디 죗값을 치른 뒤 잘 치료받고 복귀할 수 있길 응원한다.

꼬마 주인공 제제가 자란 뒤 청년 시절의 이야기를 담은 「광란자」라는 소설이 있다. 그 소설은 「나의 라임오렌지나무」보다 먼저 세상에 나왔고, 「나의 라임오렌지나무」는 일종의 프리퀄 격으로 나중에 만들어졌다. 하지만 나는 그 소설을 읽지 않았다. 내 마음속의 제제는 영원히 어린이로 남아 있길 바라는 마음 때문이다.

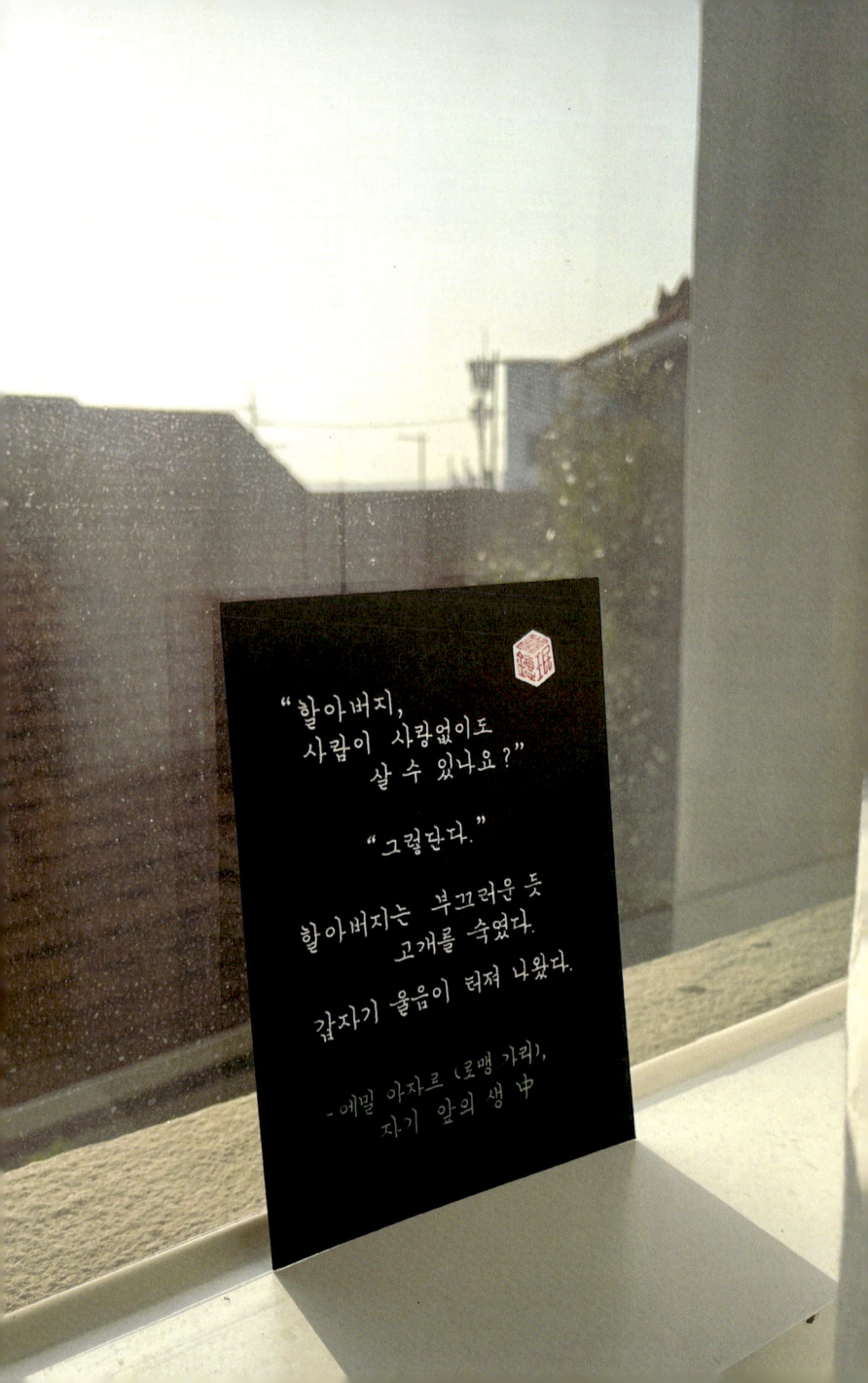

22.
위대한 사랑 이야기

 나 역시 울음이 터져 나왔다. 그렇게 대답하며 고개를 숙이는 할아버지의 참담한 심정이 온몸으로 전해졌다.

 아끼는 회사 후배가 선물해 줘서 읽은 「자기 앞의 생」. 주인공인 어린이 모모가 카츠 선생님과 나누는 대화다. 더 이상 나빠질 것도 없을 만큼 암울한 현실의 끝판왕을 보여주는 배경에, 그다지 해피엔딩도 아니지만 그렇다고 마냥 슬프고 우울하기만 힌 소설도 아니나. 선혀 어울리지도 않고 함께 하기도 힘든 두 사람의 위대한 사랑 이야기다.

 소설 속에서의 사랑이란 비단 남녀 간의 사랑만을 말하는 것이 아니다. 모모는 태어나자마자 자기를 길러준 전직 창녀 로자 아줌마를 말 그대로 끝까지 옆에서 지켜 준다. 로자의 임종 순간에는 모모만이 곁에 있었다. 모모에게 있어서 로자 아줌마는 어머니인 동시에 연인이었고, 마지막 순간에는 딸과 다름없는 존재였다. 마찬가지로 모모는 로자의 어린 아들이자 사랑하는 사람이었고, 아버지와도 같았다.

중요하지도 궁금하지도 게다가 확실하지도 않은 아버지란 사람이 갑자기 나타나면서 모모는 자신의 진짜 나이를 알게 되고, 모모는 하루아침에 네 살을 더 먹게 된다. 모든 것은 그대로였다. 그저 열 살이었던 나이가 열네 살로 바뀐 것뿐이었다. 하지만 모모는 한순간에 늘어나 버린 네 살로 인해 차오르는 눈물까지도 스스로 억눌러 참아야만 했다. 그렇게 모모는 가슴 아프게 철이 들어버린 것이다.

아랍인 모모는 죽어가는 유대인 로자 아줌마를 위해 유대인의 언어로 기도문을 외워준다. 너무나도 아름답고 감동적인 장면이었다. 계속해서 눈물이 흘러 책을 몇 번이나 덮었다가 펼치기를 반복하며 겨우 읽어나갈 수 있었다. 실제로 종교인들이 믿는 '신'이 존재한다면, 그들의 신이 진정으로 원하는 인간의 모습은 기도하는 모모의 그런 자세가 아니었을까? 로자의 임종을 지켜 주는 모모의 모습이야말로 종교인이 지향해야 할 삶이라 생각한다. 이 소설은 모든 종교인이 보고 느껴야 할 소중하고 위대한 사랑 이야기다. 모모와 로자 아줌마가 서로에게 보여준 사랑의 의미를 이해한다면 진정으로 자신들이 믿는 신의 가르침을 잘 따를 수 있을 것 같다. 바로 사랑의 가치를 말이다.

아우슈비츠의 경험이 평생을 괴롭히던 유대인 로자 아줌마와 그런 유대인의 손에서 자란 아랍인 모모는 지금까지도 풀지 못한 종교적 갈등을 완벽하게 극복한다. 아랍인인 모모의 아버지는 자기 아들이 유대인으로 자랐다는 거짓말을 듣고는 충격을 받아 죽어버린다. 잠깐 등장하는 가톨릭 신부와 유대교 랍비가 나누는 조심스러운 대화도 정말이지 어색하기 짝이 없다. 누구보다 앞서 타인을 사랑으로 대하고 온 세상을 포용해야 할 종교 지도자들이 이렇게 정반대로 행동한다. 안타까운 것은 현실 세계의 많은 종교인의 모습도 다르지 않다는 것이다.

종교의 차이로 전쟁과 테러를 일으키고, 종교의 이름으로 여성을 탄압하기도 한다. 세상이 변화하는 것과 마찬가지로 종교도 바뀌어야 한다. 전쟁과 테러의 피해자는 결국 약자들이다. 어린이와 여성, 그리고 죄 없는 민간인이다. 더 이상의 대립과 폭력을 멈춰야 한다. 영혼을 아름답게 가꾸며 진정으로 인류를 사랑할 수 있는 그런 종교를 바란다.

 아직도 자기를 열 살짜리 어린아이로만 대하는 어른들을 향해 던진 모모의 외침.

"사람이 무얼 하기에 너무 어린 경우는 절대 없어요."

 슬프도록 일찍 철이 들어버린 「나의 라임 오렌지 나무」의 제제의 질문.

"왜 아이들은 철이 들어야만 하나요?"

 같은 단어가 하나도 없을 만큼 완벽하게 다른 두 개의 대사가 너무나도 똑같은 의미로 가슴을 때린다. 가슴이 뻥 뚫린 것처럼 시리다.

 어른들의 문제로 너무 일찍 철이 들어버린 사랑하는 나의 두 아들에게 평생 빚을 진 마음이다. 나의 모든 걸 다 바친다 해도 부족할 것이다. 감사하게도 두 녀석은 나를 많이 사랑해 준다. 내 힘이 닿는 한 아니, 그 이상으로 더 사랑해야겠다.

「토지」의 안타까운 한 문장이 유난히 떠오른다.

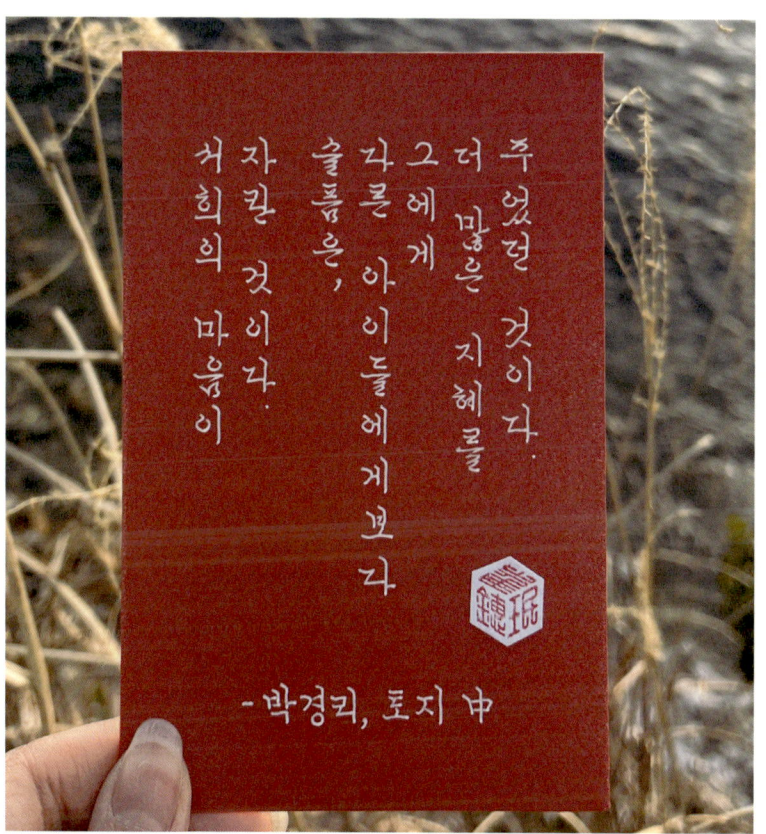

주었던 것이다.
더 많은 지혜를
그에게
각를 아이들에게 꼬가
슬픔은,
지킬 것이다.
저희의 마음이

-박경리, 토지 中

가장 겸손한 그대
모든 것 아래에 있는
모든 것을 품고도

— 서윤덕, "땅"

23.
땅과 같은 사람이 되고 싶다.

 좋아하는 손아영 작가님의 작품으로 시를 처음 접했다. 작가님은 센스 있게도 작품에 직접 제목을 적지 않으셨다. 그래서 시를 먼저 읽은 후 제목을 알게 되었다. 작품 하단에 적힌 제목을 보자마자 온몸에 소름이 돋았다. 제목으로 인해 더 이상의 설명이 필요 없는 완벽하게 완성된 멋진 시다.

 그런 땅과 같은 사람이 되고 싶다.

觀海難水

맹자, 진심편 中
물을 한꾸로 말하지 않는다.
바다를 본 사람은

24.
크고, 넓고, 낮은... 바다

觀於海者難爲水(관어해자난위수)를 줄여서 쓰는 표현이다.
서윤덕 님의 시 「땅」과 함께 지향해야 할 삶의 자세를 배웠다.

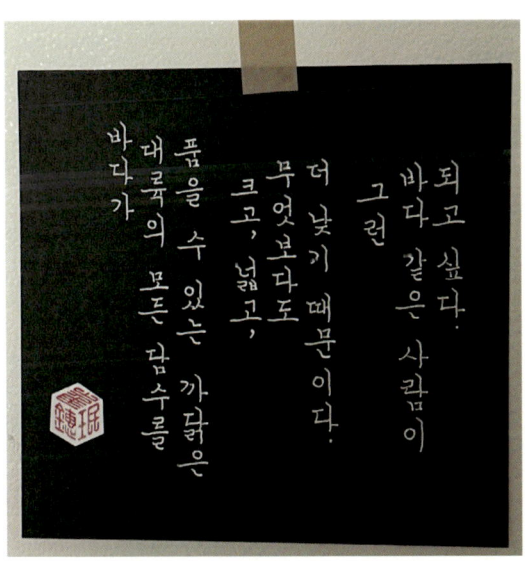

되고 싶다.
바다 같은 사람이
그런
더 낮기 때문이다.
무엇보다도
크고, 넓고,
품을 수 있는 까닭은
대륙의 모든 담수를
바다가

안도현, "스며드는 것"

꽃 끄고 잘 시간이야
저녁이야

가만히 알들에게 말했을 거라
껍질이 먹먹해지기 전에
꽃게는 천천히 받아들였을 거라
한때의 어스름을
살 속에 스며드는 것을
어쩔 수 없어서
버둥거렸으리라 버둥거리다가
더 바닥 쪽으로 웅크렸으리라
굼뜰거리다가 더 낮게
꽃게는 뱃속의 알을 껴안으려고
등 팔에 간장이 울컥울컥 쏟아질 때
반쯤 뜸을 닦고 잠드려 했다
꽃게가 간장 속에

25.
간장게장

 마지막 두 줄만 필사했다가, 다시 전체를 다 적었다. 왠지 그래야만 할 것 같았다.

 어머니는 10달이라는 긴 시간의 불편함을 감수하고, 극심한 고통 끝에 마침내 고귀한 생명을 세상에 내어놓는다. 아무리 훌륭한 아버지도 어머니라는 자리를 대신할 수 없는 건, 물리적인 탯줄로 연결된 시간 동안의 교감과 출산의 고통을 거치지 못했기 때문일 것이다. 어머니란 그만큼 위대한 존재다.

 좋아하는 간장게장을 먹을 때마다 약간 멈칫하게 되는 불편함이 생겼다.

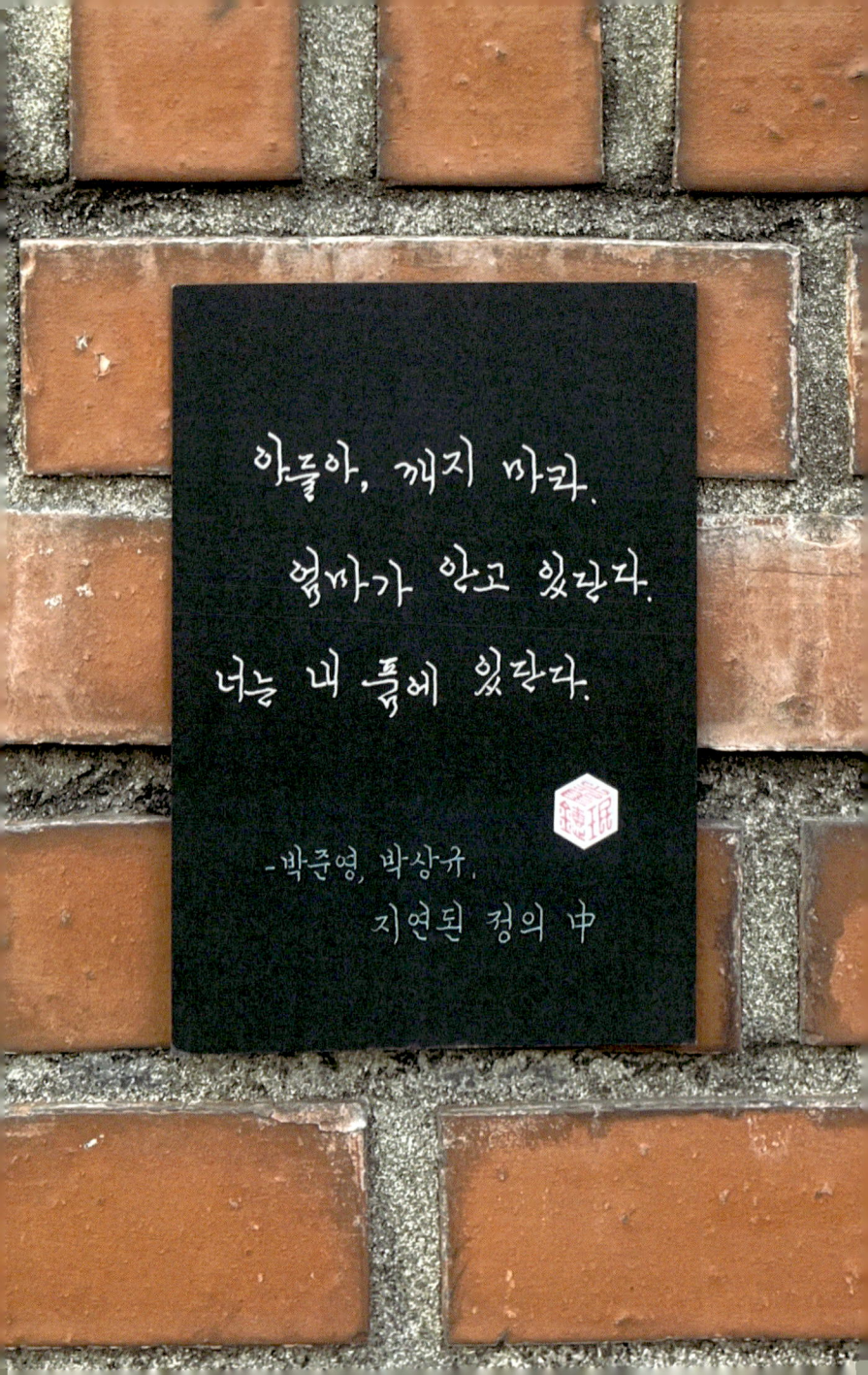

26.
정의로운 벗

 눈물이 흘러 몇 번이고 책을 덮어야 했던 가슴 아픈 장면이다. 강도가 목에 칼을 겨누고 있는데 잠들어 있는 아들을 보호하는 어머니의 심정이었다. 안도현 작가님의 시 「스며드는 것」에 나오는 어미 게의 상황이 실제로 벌어진 것이다.
 국가 권력의 잔인한 폭력으로 인해 강제로 범죄자가 되어야만 했던 아무런 죄가 없는 사회적 약자들. 더욱 기가 막힌 것은 죄를 짓지 않고도 그들 스스로 거짓 자백까지 해서 구속되었다는 것이다. 그들을 도와줄 수 있는 사람은 아무도 없었다.

 박준영 변호사와 박상규 기자는 법원에서 유죄로 확정판결을 받은 잘못된 재판의 재심을 이끌어 내고, 결국 무죄 판결까지 받아냈다. 기나긴 나날들을 억울하게 감옥에서 보내고, 십수 년이 넘는 기간 동안 죄인이라는 낙인이 찍힌 채 사회에 스며들기조차 어려웠던, 죄도 없고 힘도 없는 사람들의 누명을 벗겨주었다. 영화에서나 볼 법한 일이 실제로 벌어진 것이다. 두 사람은 현실에 존재하는 정의로운 슈퍼히어로이며, 그들의 정의로운 행보는 지금도 계속되고 있다. 참고로 두 분의 이야기는 드라마 「날아라 개천용」으로 방영되었고, 익산 약촌오거리 택시 기사 살인 사건을 바탕으로 「재심」, 삼례 나라슈퍼 강도치사 사건을 바탕으로 「소년들」이란 영화가 만들어졌다.

박상규 기자를 만났을 때 장난기가 넘치며 표정도 다양하다고 느꼈다. 사진을 찍을 땐 일부러 험악하게 인상을 쓰는데, 마치 기자가 아닌 범죄자 같아 보인다. 하지만 웃을 때의 얼굴은 어린아이의 순수함을 그대로 담고 있다. 그런 순수함이 정의로운 일을 할 수 있게 만들어 주는 것 같다.

감사하게도 내 옆에는 그런 정의로운 친구가 있다. 그 친구를 소개할 때 항상 정의로운 벗이라고 이야기한다. 그는 나에게 있어 직장의 선배이자, 믿고 존경하는 친구이며, 나를 노동조합으로 끌어들인 투쟁의 동지이다. 그는 부당함에 맞서 싸워야 할 때는 스스로 전사처럼 선봉에 서서 사람들을 이끌고, 연설할 때는 청중들의 가슴을 뜨겁게 울려준다. 선배들의 잘못된 점을 지적하며 바로잡으라 요구할 줄 아는 용기도 있고, 후배들을 너그럽게 품을 수 있는 포용력도 있다. 자신이 정한 뚜렷한 소신이 있지만, 대의를 위해 한 발 뒤로 물러나 그 뜻을 잠시 굽힐 줄 아는 유연함까지 겸비했다.

그 친구를 처음 알게 되었을 때, 그는 내가 속한 지부의 위원장이었다. 제대로 된 노동조합의 간부를 하려면 가족의 동의가 전제되어야 한다. 정해진 시스템에 의해 돌아가는 것이 아니라 사람이 하는 일이기 때문에 일과 시간 이후에도 항상 약속이 있고 할 일이 많이 생긴다. 결국 자연스레 가정에 소홀해질 수밖에 없다. 그 친구는 아이들이 아직 어려서 지금은 조합 간부를 하지 못하고 있다. 노동조합에서는 너무 아까운 인물이지만, 어떤 이유에서도 개인의 희생을 강요하는 건 절대 동의할 수 없다. 한때 그와 같이 일했던 기억만으로도 영광스럽다. 언젠가 다시 손잡고 함께 할 수 있는 날이 올 거라 믿는다.

또 다른 나의 친구는 인문계 고등학교로 입학했지만, 상고에서 졸업했다. 처음에 들어갔던 고등학교에서 같은 반 친구가 2학년 선배에게 맞고 돈까지 빼앗겼다는 얘기를 듣고, 그 선배를 찾아가 대신 싸웠다고 한다. 싸웠다기보다는 일방적으로 때렸다고 하는 게 맞을 것 같다. 결국 학교에서 강도 높은 징계를 받고 쫓겨날 위기에 처했다가, 우여곡절 끝에 겨우 상고로 전학을 갔다. 어떤 경우에도 폭력을 정당화할 수는 없다고 하지만, 불의에 맞서 대신 싸워준 정의로운 일이었다고 생각한다. 상고에 가서도 착실히 공부해서 대학도 잘 졸업하고, 지금은 탄탄한 기업을 운영하는 사업가가 되었다. 직원 수도 많고 사업소도 여러 군데 있으며 연구동까지 착공할 정도로 사업을 넓혀나가고 있다. 본인의 사업을 하면서도 직원들에게 가지를 뻗어 각자의 사업을 할 수 있는 기회를 만들어 주기도 한다.

초등학교 동창으로 만나 중학교까지 같이 다녔던 그 친구는 언제나 나의 든든한 보디가드 역할을 해줬다. 얼마 전 오랜만에 만나 술 한잔하며 옛날얘기를 했는데, 그 친구가 전학을 왔던 초등학교 5학년 2학기의 그 시절이 유일하게 같은 반을 한 기간이라는 사실을 알고 깜짝 놀랐다. 나는 당연히 여러 번 같은 반을 한 것으로 착각하고 있었다. 생각해 보니 내가 그 친구에게 뭘 해 준 기억은 하나도 없는데, 언제나 나에게 엄청나게 잘해줬던 기억만 있다. 지금도 항상 받기만 하는 것 같아서 고맙기도 하고 미안하기도 하다.

함께 기술고시를 준비했던 대학교 후배는 노무사가 되었다. 많은 노무사들이 노동자가 아닌 자본가의 편에 서서 일한다. 그렇게 해야 돈을 많이 벌 수 있기 때문이다. 하지만 그 후배는 처음부터 지금껏 10년이 넘는 세월 동안 힘없는 노동자를 대변하고 있다. 그러다 보니 힘들게 승소해도 가난한 노동자들에게 돈을 받지 못하는 경우도 많았다. 본인이 서 있는 자리에서 한 발짝만 옮겨가 자본가 쪽에 앉으면 큰돈을 거머쥘 수도 있을 텐데, 그런 마음이 들지 않도록 계속해서 자신을 채찍질한다. 오죽하면 '을'을 지키는 노무사가 되겠다고, 사무실 이름도 '을지'다. 함께 일하는 직원들의 정년도 100살로 계약했다. 직원들이 열심히 일해줘서 정말 고맙다며, 더 많은 월급을 주지 못해 미안하다고 한다. 언젠가 사무실 운영할 돈을 마련하기 위해 정부와 기업의 컨설팅을 담당하게 되었다며 부끄럽게 고백하던 모습이 기억난다. 누구도 손가락질하지 않는 결정을 오직 본인 혼자만 부끄럽게 여기는 것이었다,

 살면서 이런 친구들이 곁에 있다는 것만으로도 엄청난 자극이 된다. 주위를 보면 말과 생각이 정의로운 사람들은 많다.

하지만 그것을 행동으로 옮기는 사람을 찾기란 그리 쉽지 않다. 솔직히 얘기하면 말만 정의로운 사람이 더 많다. 나도 그런 부류의 사람 중 하나라는 생각에 부끄럽다. 부끄러움이 쌓이지 않도록 노력하며 살아야겠다. 최소한 그 친구들에게만이라도 떳떳할 수 있도록 정의롭게 살아야겠다.

김민섭, 대리사회 中

다음 세대를 위한 경찰이자
한 개인이 가질 사회적 책무이자
그것을 불평해야 한다.
끊임없이 질문을 던지고

27.
내가 꿈꾸는 노동조합

 우리 회사의 노동조합은 단체협약에 따라 한 달에 한 번 2시간씩 조합원 교육을 하고 있다. 다른 사업소는 몰라도 내가 근무했던 그 사업소에서는 꼬박꼬박 강사를 초빙해서 매월 교육을 열심히 이어 나갔다. 선배들의 투쟁과 노력으로 힘들게 얻은 소중한 그 2시간의 의미를 알기 때문이다.

 노조에 발을 담그기 직전 아내의 추천으로 김민섭 작가님의 「나는 지방대 시간강사다」라는 책을 읽었다. 많은 것을 배울 수 있었던 기억에 남는 책이었다. 노조를 시작하고 난 후 「대리사회」라는 책이 발간되어 곧바로 사서 읽었다. 두 권 모두 노동의 가치에 대한 깊은 성찰이 담겨 있어서 인상 깊었다. 직접 작가님을 만나서 이야기를 듣고 싶기도 했고, 조합원들에게 작가님의 노동철학과 책도 널리 알리고 싶은 마음에 조합원 교육에 강의를 요청했다. 다행히 작가님은 일면식도 없는 나의 부탁에 흔쾌히 응해주셨다. 기쁜 마음에 교육 준비를 하고, 많은 조합원이 참여할 수 있도록 피켓도 직접 만들어 열심히 홍보했지만, 안타깝게도 정작 나는 당일에 갑자기 출장이 잡혀서 교육을 듣지 못했다.

 2016년 봄, 처음으로 노동조합의 일을 시작하게 되었다. 그 전까지는 외부의 사회단체나 행사에 참여하면서 소소하게 이런저런 활동을 하고 있었다. 주로 진보적인 성향의 단체였고, 회사에서는 그런 나의 정체성을 전혀 드러내지 않은 채 조용히 지내고 있었다. 노조위원장이 새로 뽑히던 해에, 같은 부서의 선배 직원이 새로운 위원장에게 나를 추천해서 노동조합의 간부직을 맡게 되었다. 그 시작이 1,500여 명의 조합원이 속해있는, 회사에서 가장 큰 사업소의 사무장이었다. 처음 맡은 직책치고는 너무 비중이 큰 자리였기에 부담감도 컸다. 게다가 당시 그 사업소는 회사 내에서도 최고 강성노조로 분류되어 사측과의 대립도 심했다. 그뿐만 아니라 정부에서 공기업에 성과연봉제를 도입하려고 강하게 밀어붙이던 시절이라, 표면적으로는 보이지 않는 사측의 탄압도 만만치 않았다. 당시 사업소의 본부위원장님은 우리 회사를 대표하는 강단 있는 노조 간부였다. 나에게는 노조의 등대 같은 분이시다.

노동조합에 대해 많은 것을 가르쳐 주셨지만, 나는 그분의 기대에 한참이나 미치지 못하는 부족한 후배다. 하지만 여전히 난 마음으로 위원장님을 존경하고 있다.

  그렇게 사업소에서 노동조합 일을 시작했고, 2019년부터는 회사 전체를 대표하는 중앙노조의 국장으로 근무했다. 사업소에서는 노조 전임 근무가 아니라 회사 업무를 병행하면서 일했지만, 중앙노조에 와서는 근로시간면제라는 제도로 오롯이 노동조합 업무만 할 수 있었다. 위원장과 수석부위원장을 포함한 상임위원은 총 10명이 전부였다. 12,000명이 넘는 직원, 그중 8,000명이 넘는 회사 전체 조합원의 요구사항을 시스템으로 움직이는 회사의 수많은 간부들을 상대로 단 10명이 관철해야 했다. 운동장이 기울어져도 너무 기울어진 상태였다. 내가 맡았던 임무는 임금 교섭과 단체협약 체결, 노사협의회 운영 등 주로 회사를 상대로 한 업무가 대부분이었다. 공기업의 특성상 정부의 정책 방향과 경영평가에서 자유로울 수 없기에 한계가 너무 명확한 노조임을 뼈저리게 느꼈다. 특히 임금인상은 정부가 정해 놓은 기준을 단 1원도 넘어설 수 없는 구조였다. 그래서 다른 노조와의 끈끈한 연대와 상급단체의 필요성이 절실하게 느껴졌다. 여러 가지 어려움이 많았지만, 사명감을 가지고 열심히 3년을 보냈고 지금은 다시 회사 업무를 하고 있다.

 아이러니하게도 노동조합을 하면서 오히려 노동의 가치에 대한 고민을 덜 하게 되었다. 시급하게 해결해야 할 현안들이 너무 많이 쌓여서 그런 고민을 할 시간적인 여유가 없었다. 안타깝게도 노조는 항상 한발 느렸다. 일이 터지고 나면 수습하는 게 대부분이었다. 일이 생기기 전에 미리 조치하고 조용히 넘어가면 그건 원래부터 발생하지 않았을 일처럼 되어버렸다. 알아달라고 하기 위해 한 일은 아니었지만, 그냥 아무 일도 안 한다고 비치는 경우가 많아서 아쉬웠다.

 회사 내부뿐만이 아니라 국가적으로 노동조합의 이미지는 갈수록 점점 나빠지고 있다. 정부가 양대 노총을 압박하면 그와 비례해서 대통령 지지율은 자동으로 올라간다. 하지만 이런 시대에 오히려 MZ세대의 노조가 속속 등장하고 있다. 노조를 오랜 기간 해 온 선배들 중에는 이상적인 노동의 가치를 가장 최우선으로 생각하고 묵묵히 그 길을 걸어가는 분들이 있다. 그런 뚝심을 바탕으로 지금까지 노조의 명맥이 이어져 왔기에 항상 감사한 마음이다. 그에 반해 MZ세대는 노동의 본질적인 가치보다는 현실적인 생활의 편의와 보편적인 복지를 더 중요시한다. 점점 후퇴하고 있는 공기업의 복지와 국가 수준에 맞는 근로조건을 생각하면 당연히 목소리를 높여야 할 요구사항이다. 결국 양쪽 모두 필요한 내용이고 타당한 주장이다. 하지만 서로를 이해하려 하지 않는 분위기가 마음이 아프다. 결국 세대가 다른 노동자들끼리의 싸움이 되기 때문이다. 조금만 서로의 이야기를 경청하고 각자의 목소리에 진심으로 귀를 기울이면 좋아질 테지만, 그런 분위기를 만드는 것 자체가 말처럼 쉽지만은 않다.

직군, 직급, 세대, 성별, 학벌 등으로 대립하는 집단 간의 갈등의 골이 심각하게 깊다. 만에 하나 내가 노조위원장이 된다면 가장 이루고 싶은 가치가 바로 이런 갈등의 봉합이다. 솔직히 말하면 뾰족한 방법은 나도 잘 모르겠다. 국장으로 근무하던 3년간, 아무도 배척하지 않으려고 끊임없이 노력했다. 그 누구의 요구와 요청도 뭉개버리지 않고 어떻게든 해결하려 했고, 결과에 대한 답을 해줬다. 물론 관철하지 못한 것들이 대부분이었다. 하지만 최소한 왜 할 수 없었는지 그 이유를 설명해 줬다. 지금으로서는 나의 그런 진심을 끊임없이 보여주는 것밖에는 다른 길이 떠오르지 않는다. 내가 좋아하는 조화로운 삶을 몸소 실천한다면 화합의 첫걸음이라도 뗄 수 있지 않을까 하는 상상을 해본다.

거머쥘 수도 있어
세상을
넌 젊어
여기를 떠나라

훨씬 더 힘들지
인생은
영화관을 달라
산다는 건

- 영화, 시네마천국 中

28.
자유롭게 날 수 있도록

「시네마천국」은 내가 가장 좋아하는 영화다. 중학교 때 처음으로 봤고, 그 이후로 총 10번은 넘게 본 것 같다. 영화 자체로도 매우 훌륭하지만, 고인이 된 엔니오 모리꼬네의 아름다운 음악도 빼놓을 수 없다. 나이가 늘어감에 따라 감정이입이 된 배우도 바뀌면서 볼 때마다 그 느낌이 매우 달랐다. 처음엔 그저 한없이 귀여운 어린 토토에게 애착이 갔고, 다음엔 청년이 된 살바토레와 엘레나의 이루어지지 못한 사랑에 눈물도 많이 흘렸다. 자상한 동네 할아버지인 동시에 누구보다 편안한 친구였고, 아버지의 빈 자리를 채워줬던 알프레도와의 관계도 마음 깊이 와닿았다. 알프레도의 부고 소식을 듣고 30년 만에 고향으로 돌아온 살바토레의 공허함을 느꼈을 때 나의 가슴에도 구멍이 뚫리는 것 같았다. 영화사에 길이 남을 엔딩 장면인, 키스신 모음을 보는 살바토레의 표정은 정말이지 기가 막혔다. 어렸을 때는 토토를 고향 밖으로 떠나보낸 알프레도가 너무 야속하고 미웠는데, 나이가 들고 아이가 생기니 그의 마음이 이해되었다.

  아이들이 성장해 갈수록 이별할 시간이 점점 다가옴을 느꼈다. 성인이 되면 각자의 삶을 선택할 자유와 의무가 생긴다. 부모는 아이들이 넓은 세상에서 자유롭게 날 수 있도록 도와줘야 한다. 하지만 사랑하는 마음에 계속 곁에 두고 싶은 욕심도 크다. 그래도 떠나보내야 한다.

  나는 대학에 입학하면서부터 집을 떠나 혼자 살기 시작했다. 자취를 시작하니 이전과는 완전히 다른 삶이 펼쳐졌다. 끼니를 때우는 것에서부터 모든 것을 알아서 해결해야 했다. 가스도 직접 신청해야 했고 동사무소에 가서 여러 행정 처리도 해야 했다. 배수구가 막히거나, 수도가 얼거나, 집의 어딘가에 고장이 나도 마찬가지였다. 더 이상 내가 온실 속에 있지 않다는 사실이 몸소 느껴졌다. 그러면서 살아가는 지혜를 많이 배우게 되었다. 그렇게 나를 다듬고 만들어 갔다.

  나의 두 아들도 대학에 가면서부터 집을 떠났다. 모든 부모가 다 그럴 테지만 항상 아이들이 그립고 보고 싶다. 하지만 더 이상 누군가의 자식이 아닌, 당당한 인격체로 독립적인 삶을 살아가는 모습을 지켜봐 줘야 한다. 한 번씩 집에 올 때마다 아이들이 성장했음을 느낀다. 날개를 달고 자기만의 인생을 향해 날아가는 모습이 대견하고 뿌듯하다. 함께 술 한잔 기울이며 인생 이야기를 듣는 건 정말이지 눈물겹도록 행복한 순간이다. 그렇게 우리는 그들이 와서 쉴 수 있는 든든한 언덕이 되어 주면 된다.

영화 「굿 윌 헌팅」에서 천재로 태어난 주인공이, 부족한 자신의 옆에서 같은 처지로 사는 것이 안타까웠던 친구의 대사가 떠오른다. 토토를 떠나보낸 알프레도와 같은 심정이었을 것 같다.

(고양이의 생각)

신이 불평하다.
인간에게 나는
지켜 주고 사랑해 준다.
인간은 나를 먹여 주고

(개의 생각)

신이 분명하다.
인간은
지켜 주고 사랑해 준다.
인간은 나를 먹여 주고

-베르나르 베르베르, 고양이 中.

29.
고양이의 시간은 빠르게 흐른다.

 소설 「개미」로 유명한 상상력의 아이콘 베르나르 베르베르는 내가 가장 좋아하는 작가다. 「파피용」을 처음 읽고 너무 재미있어서 작가의 소설을 전부 다 읽었다. 모든 소설의 내용과 등장인물들이 직·간접적으로 연관돼 있어서 전혀 다른 책이지만 마치 연속되는 이야기인 것 같은 재미도 있다.

 아이들이 초등학교에 다닐 때 고양이를 키우기 시작했다. 반려묘 가게의 새끼 고양이들이 어떻게 만들어지는 줄 알았다면 그렇게 하지 않았겠지만, 고양이에 대한 지식이 전혀 없는 상태로 솜뭉치처럼 작고 이쁜 새끼 고양이 한 마리를 샵에서 데려왔다. 이후 고양이에 관한 책도 보고, 인터넷에서 정보를 찾아보며 그 습성을 많이 알게 되었다. 아는 만큼 보인다고, 길에서 지나치던 고양이들이 그저 동물로만 느껴지지 않았고 소중한 하나의 생명으로 인식되기 시작했다. 아파트 분리수거장에 살던 노란색 어린 길고양이가 가엽게 느껴져 사료와 물을 챙겨주기 시작했다. 그러던 어느 날 그 녀석이 밥을 챙겨주는 아내를 알아보고, 집에 들어가는 길을 따라와 엘리베이터에 함께 올랐다. 그렇게 우리는 노랑이에게 간택당했고, 생각지도 않게 고양이 두 마리와 함께 살게 되었다.

고양이에 대한 알레르기 수치는 가장 낮은 0등급부터 최고 6등급까지 나뉜다. 예전에 피검사를 해보니 나의 수치는 두 번째로 높은 5였다. 그래서 고양이를 만지고 나면 피부가 간지럽기도 하고, 콧물을 동반한 재채기도 많이 한다. 작은아들도 마찬가지로 피부가 붉어지고 콧물도 많이 난다. 하지만 고양이가 너무 귀여워서 모든 게 용서된다. 알레르기 따위 그저 견디며 받아들인다. 작은아들의 알레르기가 심해서 다른 집으로 분양을 보낼까도 잠시 생각했는데, 아들이 정색하면서 그랬다간 정말로 화를 낼 거라면서 엄포를 놓았다.

고양이를 키우면서 우리 가족은 너무나 많은 것을 받았다. 일단 보기만 해도 사랑스럽고 웃음을 주는 행동도 많이 한다. 가장 좋았던 것은 집안의 모든 문을 열고 살 수 있었다는 것이다. 아이들이 자라면서 사춘기가 오면 보통은 방문을 닫은 채 자기만의 시간을 중요시하는 경우가 많다. 그때부터 아이들은 집에서 말수가 적어지고, 자연스레 가족과의 대화까지 줄어들게 된다. 하지만 우리 집 고양이는 닫힌 문만 보면 곧바로 달려가 열어달라면서 최선을 다해 박박 긁어댄다. 그 소리가 너무 시끄러워서 어떤 문이든 열어놓을 수밖에 없었다. 그러다 보니 아이들도 방문을 닫는 걸 오히려 답답해했다. 오죽하면 이사하면서 집을 수리할 때 모든 문을 떼어버릴까 하고 고민했을 정도로 우리 집에서 문은 필요 없는 존재가 되었다. 감사하게도 자연스럽게 집 전체가 개방적인 분위기가 되었다.

  각자의 방문을 열고 산다는 게 아무것도 아닌 듯 보일 수도 있지만, 언제든지 자연스럽게 소통할 수 있다는 엄청난 장점이 있다. 누구나 서로에게 하고 싶은 말을 건넬 수 있었고, 흥미로운 것들을 언제나 쉽게 공유할 수 있었다. 거실에서 아내와 함께 술을 한잔하고 있으면 두 아들은 어느 순간 옆에 앉아서 안주발을 세웠다. 그래서 항상 안주를 넉넉히 준비해야 했다. 굳게 닫힌 사춘기 아이의 방문을 쉽사리 열지 못하고 속앓이하는 부모의 고민을 들으면 고양이를 키워보라고 추천해 준다. 부모라는 지위로 닫힌 문을 강압적으로 열었다가는 오히려 마음의 문까지 닫아버리게 된다.

고양이의 시간은 사람보다 훨씬 빠르게 흐른다. 안타까운 사실이지만 참 다행이다. 녀석들을 남겨놓고 사람이 먼저 간다면 서로에게 더 힘든 상황이 벌어질 것이 분명하기 때문이다. 길에서 태어나 13년을 함께 지낸 우리 노랑이가 최근 건강이 많이 나빠졌다. 똥냥이에다가 애교도 많은 노란 고양이가 이제는 살이 너무 빠져서 가벼워졌다. 물과 음식을 거의 먹지 못해서, 좋아하던 장난감에도 반응할 기운조차 없다. 고양이 나이 13살이면 이미 오래 살기도 했거니와, 태어났던 대로 길에서 지냈다면 일찌감치 무지개다리를 건너 별이 되었을 게 분명하다. 아내와 상의한 결과 무리한 수술이나 과도한 연명치료는 하지 않기로 했다. 사람과 마찬가지로 치료받는 당사자가 누구보다도 힘들기 때문이다. 언제 숨을 거둬도 이상할 게 없는 상태라고 해서, 서울에서 공부하고 있는 큰아들도 여자친구와 함께 마지막 인사를 하러 왔다가 갔다. 많은 것을 안겨준 소중하고 고마운 존재라서 어떻게든 사는 동안 잘 보살피고 편안히 보내주고 싶다. 마음의 준비를 단단히 해야겠지만 생각만 해도 눈물이 난다. 우리와 함께 해줘서 정말 고맙고, 사랑해. 노랑아, 달콩아.

나에게 인식시켜줬다.
명석하게도
나의 지위를
백의 종군하는
그는

"이순신,
자네를 자네라고
불러도 좋겠는가?"

- 김훈, 칼의 노래 中

30.
아줌마, 아저씨

 임금의 칼이 아닌 적의 칼에 목숨을 잃기를 원했던 우리나라 최고의 명장, 이순신 장군의 인간적인 내면을 잘 묘사한 역사소설이다. 군더더기 없는 간결한 문체가 인상적이었다.

 상대를 대하는 태도를 보면, 사람에 대한 존중의 정도를 알 수 있다. 특히 타인을 부르는 호칭과 말투는 그 사람의 품격을 잘 나타내준다. 나는 아무리 친해져도 함부로 말을 놓거나 이름을 쉽게 부르지 않는다. 회사에서도 후배 직원들에게 꼬박꼬박 직책을 붙여서 존대한다. 오래 알고 지내다가 호형호제할 정도로 친해진 후배들이 말을 놓으라고 먼저 얘기할 때만 그렇게 한다. 나이가 나보다 아무리 어리다고 해도 말을 놓는 것은 내가 결정할 문제가 아니기 때문이다. 상대방의 허락이 있어야 가능한 것이다.

노동조합에서 국장으로 근무할 때도 형제처럼 지내던 상임위원들에게 꼬박꼬박 직위를 붙여서 불렀다. 편하게 대하라고 해도 사측과 같이 있을 때 그런 호칭들이 불쑥 나올까 봐 임기 내내 절대 쉽게 대하지 않았다. 임기가 끝나는 날 회식 자리에서 비로소 쉽게 형이라는 호칭을 사용하기 시작했다.

 보통의 큰 건물들에는 청소를 담당하시는 분이 있다. 우리 회사도 그렇다. 대부분이 연세가 많으신 여성 노동자분들이다. 그분들에게도 항상 여사님 혹은 선생님이라고 부른다. 한번은 출장을 다녀와서 보니 내 책상에 있던 작은 유리 화병이 깨져 있었다. 알고 보니 청소를 담당하시던 여사님이 실수로 화병을 깨뜨리셨고, 그 후 날마다 내 자리로 와서 사과하기 위해 나를 찾으셨다고 한다. 하필 오래 자리를 비운 터라, 긴 시간 동안 얼마나 마음이 불편하셨을지 생각하니 오히려 죄송했다. 깨진 화병을 다시 사면서 하나를 더 주문해서 여사님께 드렸다. 여사님은 퇴직까지 1년 반 정도 남았는데, 나를 생각하면서 식물을 잘 키우겠다면서 감사하다고 하셨다. 사실 사무실을 깨끗하게 청소해 주시니 내가 더 감사해야 할 일이다.
 어머니는 나의 기억이 있을 때부터 요구르트 배달을 하셨고 가정집의 파출부, 방직공장과 도시락 업체 등의 직원으로 일하셨다. 이후 치킨집을 하셨고 지금은 공장에서 근무하신다. 아버지도 페인트공, 중국집 배달부, 자동차 부품 공장의 직원으로 일하셨다. 두 분이 들었을 호칭은 그저 아줌마, 아저씨였을 것이다. 그 단어에 다른 의도는 없다고 해도 존중이 담긴 표현은 아닐 것이다. 두 분이 평생 그렇게 사신 걸 알기에 더더욱 다른 어른들을 함부로 대하지 않는다.

부모님은 어릴 때부터 어른들을 보면 인사를 잘하라고 말씀하셨다. 그래서 하루에 10번을 마주치면 10번 모두 인사를 했고, 인사 잘하는 아이로 동네에 소문이 자자했다. 성인이 되어서도 그 습관이 몸에 배어서, 회사에서 누구를 만나든 먼저 인사를 한다. 모르는 사람이라도, 상급자가 아니라도 모두에게 인사를 한다. 인사는 돈 한 푼 안 들이고 나의 이미지를 좋게 해 주는 보물 같은 행동이다. 인사를 받아주지 않는 사람도 생각보다 많다. 그래도 나는 멈추지 않고 꿋꿋이 인사를 한다. 습관이 되어버린 존중의 표시다. 이렇게 키워주신 부모님께 감사드린다.

주위를 보면 자기보다 어리거나 직급이 낮은 사람에게 보자마자 하대하는 경우가 있다. 그런 사람은 직위가 아무리 높아도 격이 낮아 보인다. 본인의 얼굴에 스스로 먹칠하는 꼴이다. 결국 타인에 대한 존중은 자기 자신에 대한 존중의 정도를 보여주는, 자존감의 지표가 된다.

31.
옆을 볼 자유

 '오마이뉴스'의 오연호 대표는 살기 좋은 대한민국의 미래를 위해 행복지수 1위의 나라 덴마크에 다녀왔다. 덴마크에서는 고등학교에 진학하기 전, 앞으로의 인생을 스스로 설계할 수 있는 '애프터 스콜레'라는 곳에 간다. 그곳에서 1년간 어느 대학에 갈 것인지가 아닌, 어떤 인생을 살 것인가에 대해 고민한다. 우리나라 학생들은 오직 좋은 대학에 가기 위해 앞만 보며 살고 있지만, 덴마크 아이들의 삶에는 '옆을 볼 자유'가 있었다.

 오연호 대표는 덴마크에서의 경험을 바탕으로 2016년 인천 강화도에 '꿈틀리 인생학교'를 세웠다. 중학교를 졸업한 아이들이 그곳에서 1년간 옆을 볼 자유를 누리고 있다. 아내는 「꿈틀송(우리가 사는 별)」이라는 노래를 만들어 음원도 기부했고, 매달 정기후원을 하는 덕분에 학생들이 직접 농사를 지은 소중한 쌀을 매년 받고 있다.

 옆을 볼 자유는 비단 청소년뿐만 아니라 성인들에게도 꼭 필요하다. 바쁘고 여유가 없는 사회를 잘 살아 나가려면 각자의 탈출구가 있어야 한다. 취미 하나쯤은 있어야 삶이 윤택해진다는 것이다.

 생각해 보니 나는 취미가 많은 편이다. 회사 동호회에서 농구를 하고 있다. 지금은 농구의 인기가 예전 같지 않기에 회원들의 연령대가 높다. 40대가 가장 많고, 50대도 코트를 누비고 있다. 그래서 이기기 위해 무리하기보다는 다치지 않도록 서로 배려하면서 즐기고 있다. 덕분에 실력이 바닥인 나도 함께 경기할 수 있다. 건강과 체력을 유지할 수 있고 업무로 쌓인 스트레스까지 날릴 수 있는 좋은 취미다. 물론 가장 좋은 건 재미있다는 거다.

 초등학교 시절에 서예를 배우고 싶어서 어머니에게 서예학원을 보내달라고 했지만, 형편상 다니지 못했다. 그래서 혼자 미술 교과서에 있는 글씨들을 보고 신문지에 따라 썼다. 그렇게 연습하다 보니 방학 숙제로 제출한 것이 최우수상을 받기도 했다. 하지만 서예 도구를 꺼내어 연습하는 것이 여간 번거로운 것이 아니라 오래가진 못했다. 몇 해 전 아내가 만년

필을 선물해 줘서 그때부터 손글씨를 즐기게 되었다. 인스타그램에는 손글씨를 기가 막히게 잘 쓰는 작가들이 많다. 작가가 아닌, 취미로 하는 분들의 실력도 대단하다. 그분들의 멋진 작품을 보면서 연습했다. 손글씨라는 좋은 취미 덕분에 이 책도 세상에 나올 수 있게 되었다.

또 다른 취미는 기타 연주다. 대학생 때부터 기타를 쳐서 나름 오래도록 즐기고 있다. 사실 처음에는 드럼을 배우려고 동아리에 가입했었다. 하지만 교회에서 드럼을 치던 동기가 들어와 드럼 자리를 꿰차버렸고, 나는 만만한 통기타를 들고 혼자서 책을 보며 연습했다. 그러다 보니 자연스럽게 기타로 공연도 많이 할 수 있었고 지금까지 즐기는 취미가 되었다. 기타 덕분에 아내와 함께 할 수 있었고, 작은아들도 나에게 기타를 배우며 많이 가까워졌다. 나에게는 정말 고마운 취미다. 보통의 남자들은 비싼 기타를 사고도 아내에게 혼나지 않기 위해 저렴한 기타라며 하얀 거짓말을 한다. 수백만 원짜리 기타를 사고도 아내에게는 20만 원짜리 중고를 샀다고 하며, 낡은 케이스에 담아서 집에 들고 갔다는 얘기도 들었다. 하지만 나의 아내는 악기사에 같이 가서 직접 소리를 들으며 좋은 기타를 함께 골라준다. 내 생일 때 몇백만 원짜리 고급 기타를 선물해 주기도 했다. 그렇게 좋은 기타를 여러 대 가지고 있었지만, 생활비에 보탠다고 다 팔고 지금은 저렴한 기타만 남았다. 수년 전 기타 실력에 한계가 느껴져 정흠밴드의 기타리스트 황명흠 선생님께 레슨을 받았다. 많은 것을 배운 덕분에 작곡까지 할 수 있게 되었다.

  지금은 아내와 함께 명상을 하고 있다. 명상할 때는 항상 머릿속을 텅 비우려고 노력한다. 생각을 비운다는 게 말처럼 쉽지는 않다. 바삐 돌아가는 현실을 사는 우리는 아무 생각하지 않고 단 1초도 버티기 힘들다. 강제로라도 정신적인 휴식을 해야 한다. 오죽하면 멍때리기 대회라는 것이 열릴 정도겠는가. 머리를 비울수록 정말 필요한 것들이 머리에 남는다. 생각의 쓰레기를 버리는 과정이라 생각하면 이해하기 쉬울 것이다. 몇 해 전 명예산업안전감독관 수범사례 발표대회를 나간 적이 있는데, 자료를 제출한 뒤 명상을 하던 중 어떤 내용이 번쩍 떠올랐다. 급히 내용을 추가해서 다시 제출해서 발표했다. 결과는 운이 좋게도 1등이었다. 고용노동부 장관상, 상금 200만 원과 유럽 연수권을 받았다. 안타깝게도 회사에서 임금교섭에 노조측 간사로 참석해야 해서 유럽 연수는 가지 못했다. 나중에 확인해 보니 명상 중에 떠오른 내용이 심사배점 중 큰 부분을 차지했었다. 불필요한 생각을 비우니 필요한 것들이 채워졌던 것이다. 그뿐만 아니라 명상을 하면서 몸의 건강도 좋아졌고 정신적으로도 정말 편안해졌다. 어떤 일이든 물 흐르듯 넘겨버릴 수 있는 마음의 여유가 생겼다. 명상 덕분에 삶의 질이 완전히 달라졌다. 지금은 인생에서 가장 큰 부분을 차지하고 있다.

일과 가정의 중요도를 따지는 조사에서 2019년에 처음으로 일이 우선이라는 비율보다 일과 가정이 둘 다 중요하다는 결과가 높게 나왔다. 가정이 더 우선이라는 비율도 매년 증가하고 있다. 얼마 전 통계에 따르면 가장 중요시하는 직업가치 1위가 일과 삶의 균형이었다. 젊을수록 그 비중은 더 높았다. 그만큼 워라밸을 점점 더 중요시하고 있다는 증거다. 하지만 현실은 아직 갈 길이 멀다. 2021년 기준 한국의 노동시간은 OECD 국가 중 네 번째로 높았다. 평균보다 연간 199시간을 더 일하고 있을 정도의 최하위 수준이다. 또한 정부는 69시간 노동시간을 추진하며 시대를 역행하고 있고, 퇴근 후 카톡 금지법은 계속해서 계류 중이다.

출산율이 낮은 이유는 지금의 내 삶이 힘들기 때문이다. 나의 아이도 이렇게 살기를 원하지 않기에 차라리 아이를 낳지 않겠다는 것이다. 옆을 볼 자유를 누릴 수 있는 정책을 펼친다면 출산율도 함께 올라갈 것이다.

살며시 잠고 있었다.
소년의 한쪽 발을
자기를 바라볼 때까지
얼굴을 돌려
소년이 눈을 뜨고
노인은

이다지도 생각이 모자랄까?
나는 왜
가져와야 했는데 말이야.
비누와 수건도
쥐야 했는데 그랬구나,'
물을 길어다
할아버지에게

어니스트 헤밍웨이
"노인과 바다" 中

32.
노인과 소년

얼마 전 초등학교 때 읽었던 「노인과 바다」가 다시 읽고 싶어져 책을 펼쳤다. 어린 시절에 읽을 때는 고기 잡는 과정도 지루했고, 힘들게 잡은 고기의 뼈만 남은 게 너무 아까웠다. 힘들게 잡은 청새치의 피 냄새를 맡고 달려든 상어 떼가 너무 밉기도 했다. 하지만 나이가 들어서 읽은 같은 소설은 완전히 다르게 다가왔다. 노인 산티아고와 소년 마놀린의 관계가 가장 인상 깊었다. 서로에 대한 깊은 배려심이 무척 눈물겨웠다. 진정으로 상내방을 위한다는 것이 어떤 의미인지를 알 수 있었다. 소년이 등장하는 부분이 큰 비중을 차지하지는 않지만 적어도 나에게는 '노인과 소년'으로 각인되었다.

나는 아내에게 꽃을 자주 선물한다. 특별한 날이 아니라도 이쁜 꽃을 보거나, 문득 주고 싶은 마음이 생기면 꽃집에 들어서 사서 간다. 다행히 아내도 꽃을 좋아해서 항상 기분 좋게 받아준다. 나는 국화를 좋아해서 처음엔 주로 국화를 많이 사줬다. 아내가 항상 좋아해서 몰랐는데, 어느 날 아내는 사실 국화를 좋아하는 편이 아니라고 말해줬다. 꽃을 사주는 그 자체가 고마웠고 국화를 싫어한다고 하면 내 기분이 상하지 않을까 하는 마음에 오래도록 말하지 않았다고 했다. 그래서 다음부터는 아내가 좋아하는 다른 꽃들을 사서 갔다. 선물하는 행위는 내가 했지만 배려는 오히려 내가 받았던 것이다.

선물을 받을 때도 기분이 좋지만 사실 주는 즐거움은 그보다 훨씬 더 크다. 상대를 생각하면서 선물을 고르며 준비할 때부터 이미 기분이 좋아지고, 받는 사람이 기뻐하는 모습을 실제로 볼 때 즐거움은 정점을 찍는다. 나는 회사 업무상 먼 곳으로 자주 출장을 다니는 편이다. 그래서 출장지에서 구할 수 있는 무언가를 아내에게 선물한다. 비싸고 귀한 것은 아닐지라도 작은 간식거리라도 챙겨온다. 그런 과정들은 장거리 운전과 업무로 피곤한 일정을 즐겁게 보낼 수 있게 해 주는, 나를 위한 선물 같은 시간이 되기도 한다.

하지만 무턱대고 베푼다고 다 좋은 것은 아니다. 예를 들어 복숭아 알레르기가 있는 사람에게 털이 수북한 싱싱한 복숭

아를 들이밀면 안 되기 때문이다. 상대가 좋아하는 것이나 필요한 것이 무엇인지를 한 번 더 생각해야 한다. 그것이 상대에 대한 진정한 배려다. 짧은 생각으로 베푼 호의는 상황에 따라서 곤란한 상황을 만들 수도 있다는 것을 기억해야 한다.

가난하고 외로운 노인에게 필요한 것들이 무엇인지를 진지하게 생각한 소년과 곤히 잠든 소년이 잠에서 깨기 전까지 그의 발을 잡고 조용히 기다려 주는 노인의 아름다운 모습에서 진정한 배려를 배울 수 있었다.

사실 우리 집에 함께 사는 고양이는 꽃을 보면 마구 달려들어 뜯어 먹는 바람에 꽃은 항상 화병에 담아 곧바로 베란다로 옮겨야 한다.

에필로그

 마지막 이야기를 끝내고 난 뒤, 다시 처음으로 돌아가 설익은 원고를 읽어보니 그동안 많은 일들이 있었고 많은 것들이 변했다. 지금의 상황에 맞게 고쳐 쓸까도 생각했었지만, 맨 처음 이야기를 써 내려가던 그때의 느낌을 담고 싶어서 그냥 그대로 두었다.

 감사하게도 작은아들이 건강한 모습으로 무사히 제대했다. 지금은 학생회장을 하겠다고 준비 중이다.
 우주최강 고양이 노랑이가 고양이별로 여행을 갔다. 신장에 문제가 생겨 물 뿐만 아니라 아무것도 먹지 못했다. 움직일 기운 하나 없는 몸으로도 사람을 졸졸 따라다녔다. 가는 날까지도 어찌나 이쁘고 사랑스러웠는지 모른다. 화장해서 뼛가루를 뿌려주던 날 비가 내렸는데, 노랑나비가 날아다녔다. 지금도 나비만 보면 노랑이 생각에 눈물이 핑 돈다. 아프지 않은 곳에서 잘 지내고 있을 거다.

러시아와 우크라이나의 전쟁이 끝나길 기원했지만, 아직도 계속되고 있다. 이렇게까지 전쟁이 오래 진행될 줄은 상상도 못 했다. 안타깝게도 이스라엘과 팔레스타인까지 전쟁을 더 키우고 있다. 부디 아름다운 이 지구별에서 전쟁이 사라지고 평화로운 세상이 오길 간절히 바란다.

첫 번째 책이 세상에 나오기도 전에, 김민섭 작가님께서 다음 책의 이야기를 곧바로 써 내려가 보라고 권유해 주셨다. 이번에는 하나의 주제로 만들어 보라고 말씀하셨다. 존경하던 작가님의 응원을 받으니, 세상을 다 가진 기분이다. 너무나 감사하다.

글을 쓰는 시간은 무엇보다 나 자신을 돌아볼 수 있는 고마운 나날이었다. 앞으로도 세상을 더 많이 느끼며 나를 돌아보는 삶을 살아야겠다.

감사의 마음

 책 속에 등장하는 멋진 문장의 창작자분들 모두에게 진심으로 감사드립니다. 저의 삶에 지대한 영향을 주신 고마운 분들이십니다.

 관찰력이 좋다는 한마디로 저의 콤플렉스를 극복하게 해 주신 이영희 선생님 감사드립니다.

 책을 출판하는 데 큰 도움을 주시고, 영광스럽게 추천사를 써주신 김민섭 작가님 정말 감사드립니다.

 언제나 나에게 도움이 되어 주는 든든한 친구, 도진아 고맙다~!!

 손글씨 연습에 많은 도움을 주신 「글씨를 수놓다」의 일지 박소연 작가님, 일묵 최원진 작가님 감사드립니다.

 서윤덕 님의 「땅」을 알게 해 주신 손아영 작가님 감사드립니다.

 「자기 앞의 생」을 선물해 준 영주씨 감사해요.

 형편없는 손글씨를 멋진 사진으로 만들어 준 한나야

고마워.

설익은 초안을 수고롭게 읽어주신 박학기 선배님 감사드립니다.

노동조합의 길을 처음으로 가르쳐주신 최남철 위원장님 감사드립니다.

맨날 놀리기만 하지만, 사실은 존경하는 친구 시현아 고맙다.

노동자의 편을 지키는 정의로운 노무사 정욱아 고맙다.

유럽 여행 갈 때 배낭을 빌려준 친구 용규야 고맙다. 이야기의 소재가 되어 준 나의 친구들 병철이, 석호, 성옥이, 준혁이 모두 고마워~!!

함께 농구하는 인바스켓 회원분들 감사드립니다.

깨끗한 환경에서 일할 수 있도록 회사를 청소해 주시는 고마운 분들, 임희식 여사님 감사드립니다.

힘들었던 고시생 시절 따뜻한 밥을 해 주셨던 대구 어머니 박근선님 감사드립니다.

잊었던 절박함을 다시 일깨워 주신 백인섭 형님 감사합니다.

부모님과 장모님, 돌아가신 장인어른께 감사드립니다.

소중한 내 가족, 사랑하는 아내와 현이, 석이, 달콩이, 노랑이 모두 고마워요~!!

중국에 계신 두 분 선생님, 회장님, 함께 명상하는 소중한 성원분들 모두 감사드립니다.

인간이 한없이 작은 존재임을 일깨워 주고, 겸손함을 잊지 말라 타일러주는 땅과 바다와 하늘에, 그리고 끝을 알 수 없을 만큼 드넓은 우주를 조화롭게 이끄시는 자연의 법칙에 감사드립니다.

추천사

김민섭 작가, 서점 당신의 강릉 대표

 '좋은 작가'라든가 '좋은 직업인'을 만나기란 그리 어려운 일이 아니다. 자신의 일을 묵묵히 타의 모범이 될 만큼 잘해나가는 사람들은 우리 주변에도 많이 있다. 그러나 '좋은 사람'을 만나기란 아주 어려운 일이다. 우리는 그런 사람을 일생에 몇이나 만나볼 수 있을까. 자신의 첫 원고를 들고 내 앞에 나타난 최경민 작가는, 내가 살면서 몇 번 만나본 일이 없는 좋은 사람이었다. 이런 말을 쉽게해서는 안 된다는 걸 잘 알고 있다. 그러나 그와 나눈 몇 시간의 대화는 그의 이름을 나에게 확실히 각인시켰다. 그의 인생의 어느 한 부분에 이르러서는 그를 진심으로 존경하게 되기도 했다.

 〈Life goes on〉은 최경민 작가의 첫책이다. 이 글을 읽으면서는 그가 참 잘 살아온 사람이라고 생각했다. 내가 좋아하고 신뢰하는 당신의 바다 출판사의 편집자의 평도 그랬다. "참 잘 살아온 사람 같아." 이 책에 대한 다른 추천의 말은 필요 없을 듯하다. 잘 살아온 좋은 사람이 쓴 글을 만들고 추천할 수 있어 기쁘다.

> 당신의 바다는
> 삶을 받아쓰는 당신을 응원합니다.

책 제목 Life goes on (내 삶의 문장들)

2024년 4월 2일 1판 1쇄 펴냄

지은이 최경민
펴낸이 김민섭
꾸민이 준철이
펴낸곳 당신의바다

출판등록
주소 강원특별자치도 강릉시 보래미하길 43번길 18
이메일 xmasnight@daum.net

ISBN 979-11-93847-07-7 (03810)